come disegnare

carini personaggi in abiti alla moda.

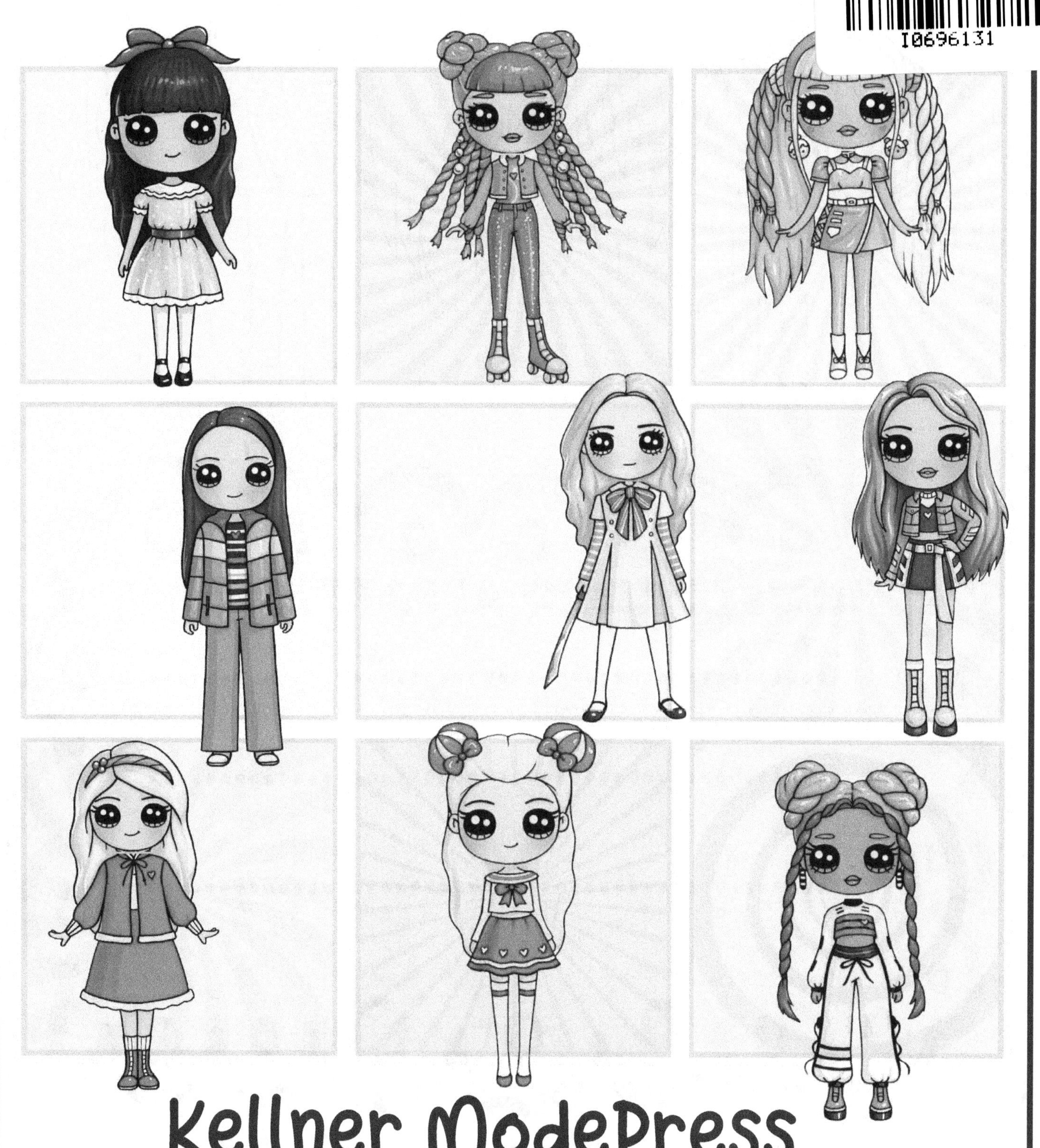

Kellner ModePress

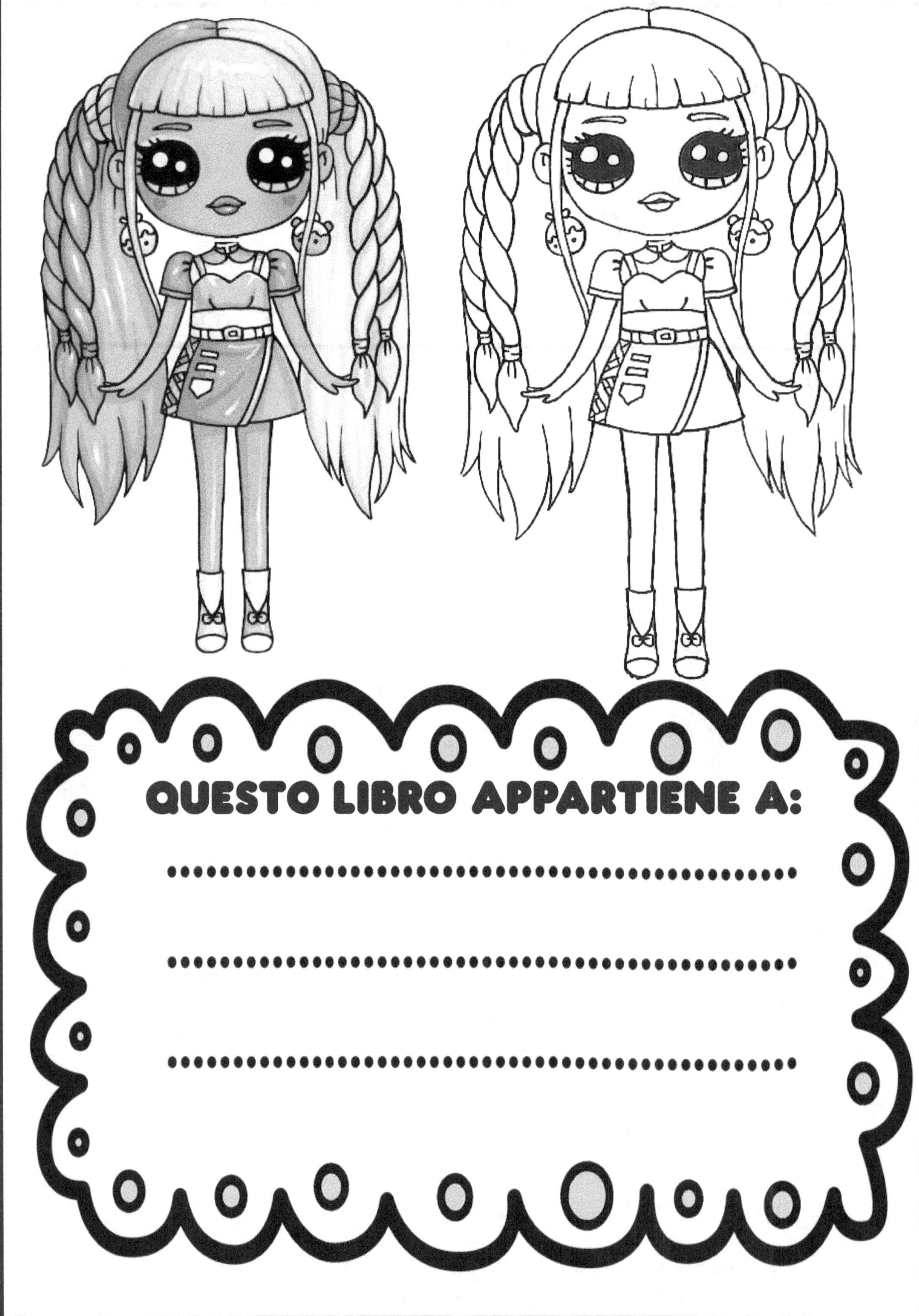

QUESTO LIBRO APPARTIENE A:

carini personaggi in abiti alla moda.

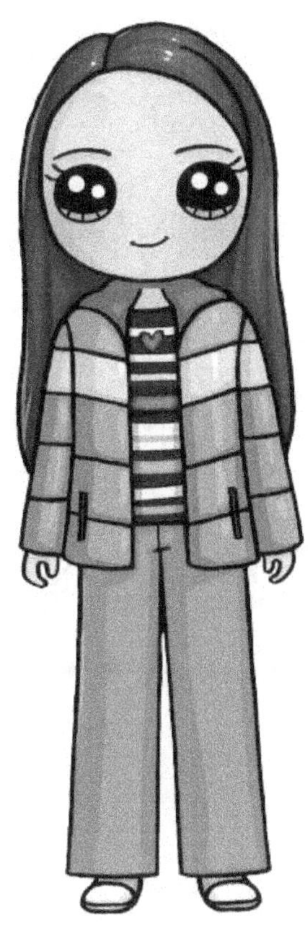 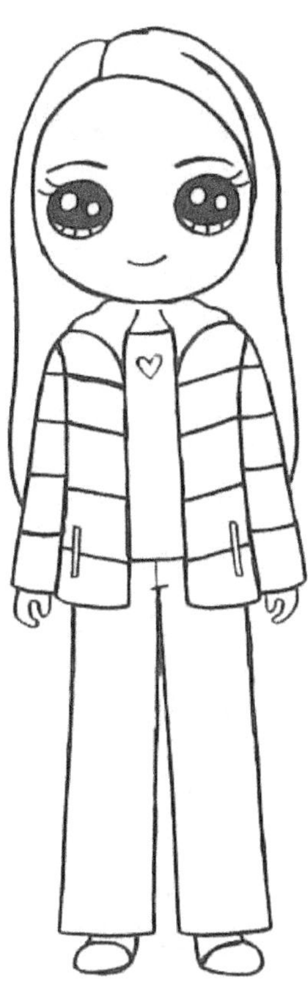

Per iniziare a utilizzare questo libro, raccogli un foglio di carta, una matita e una gomma. Tuttavia, sentiti libero di utilizzare qualsiasi strumento di disegno di tua scelta per creare i personaggi più carini e puoi dare loro dei nomi dopo averli disegnati nelle pagine di formazione.

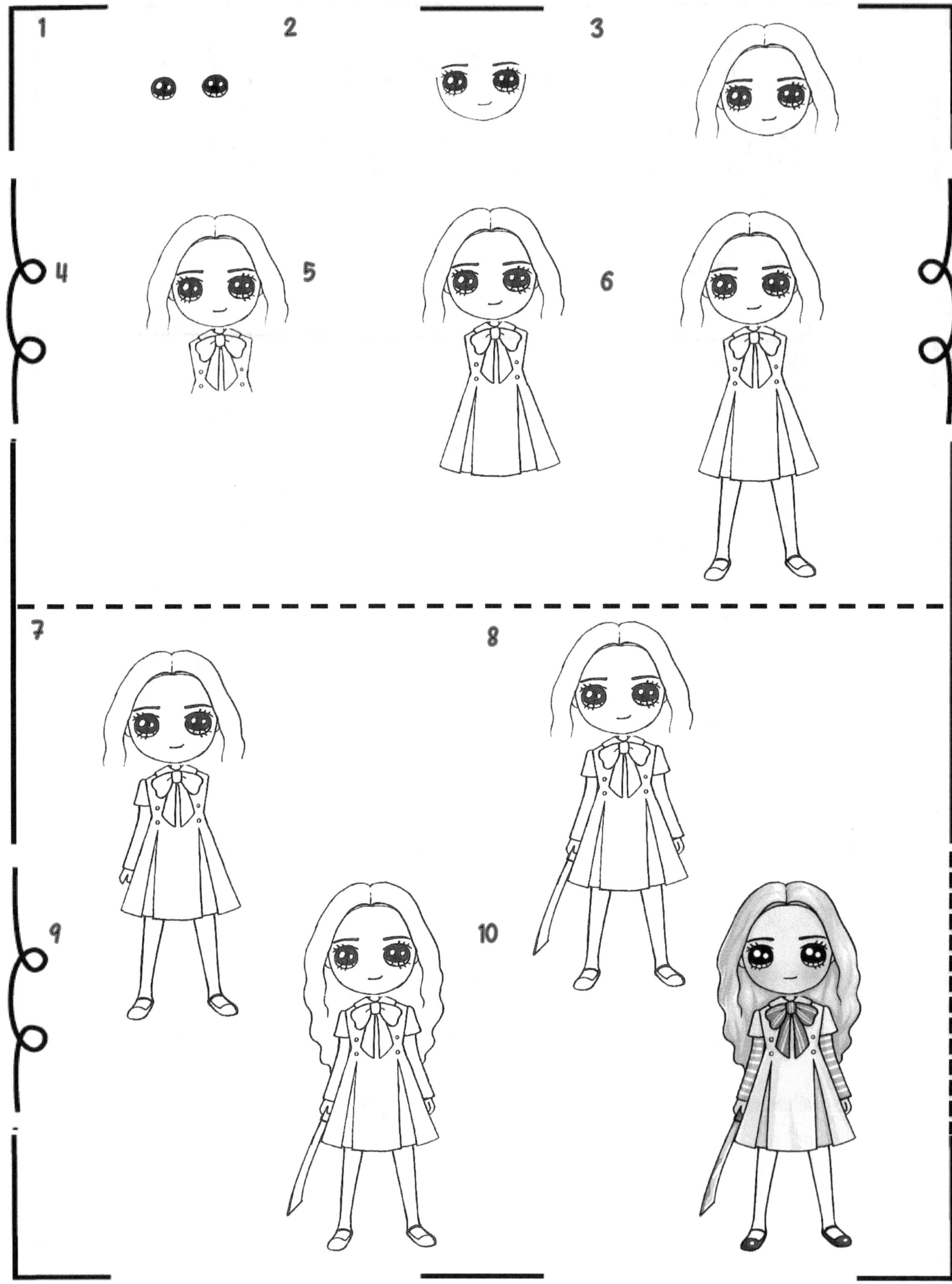

1
2
3
4
5
6
7
8
9
10

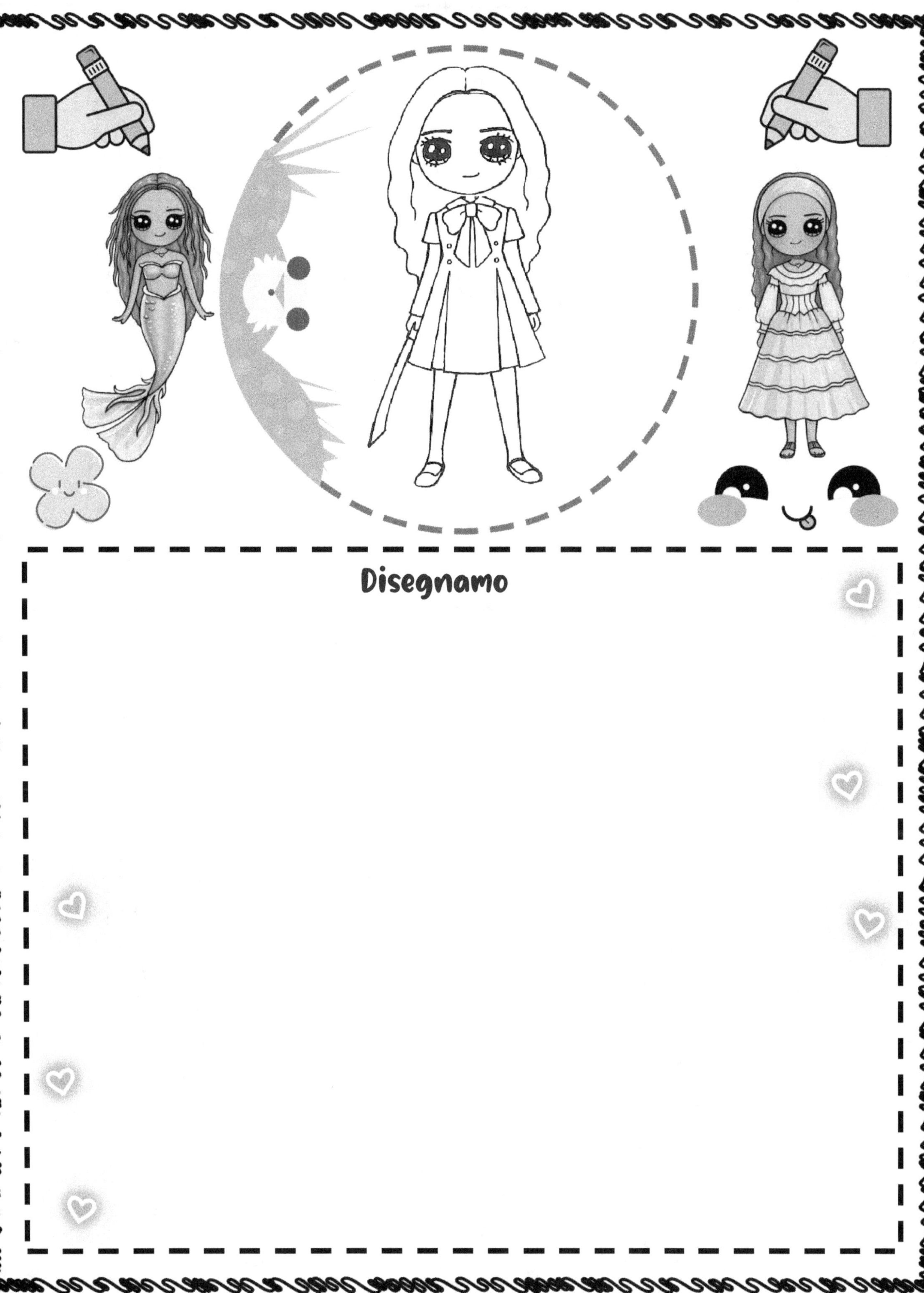

Disegnamo

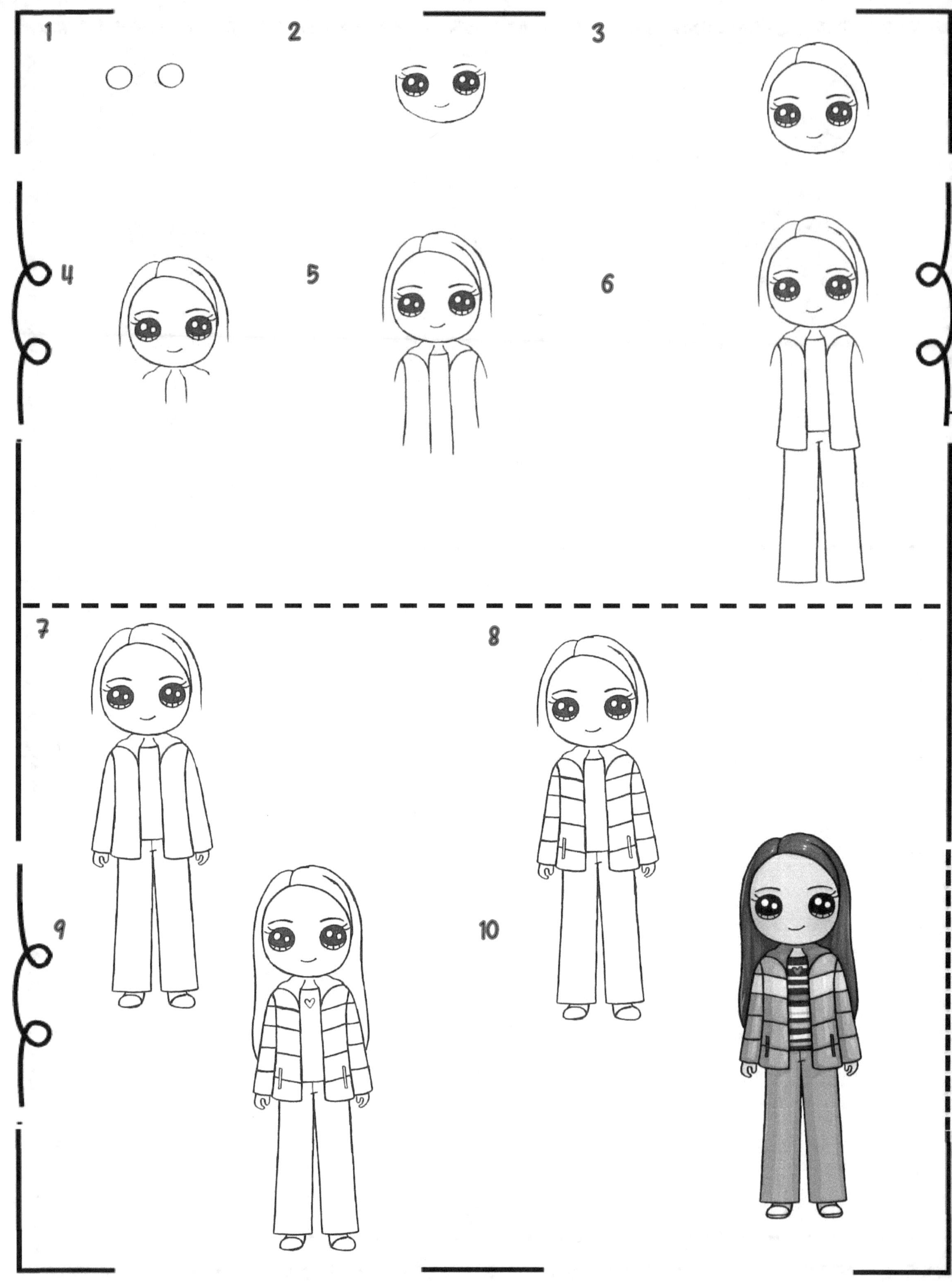

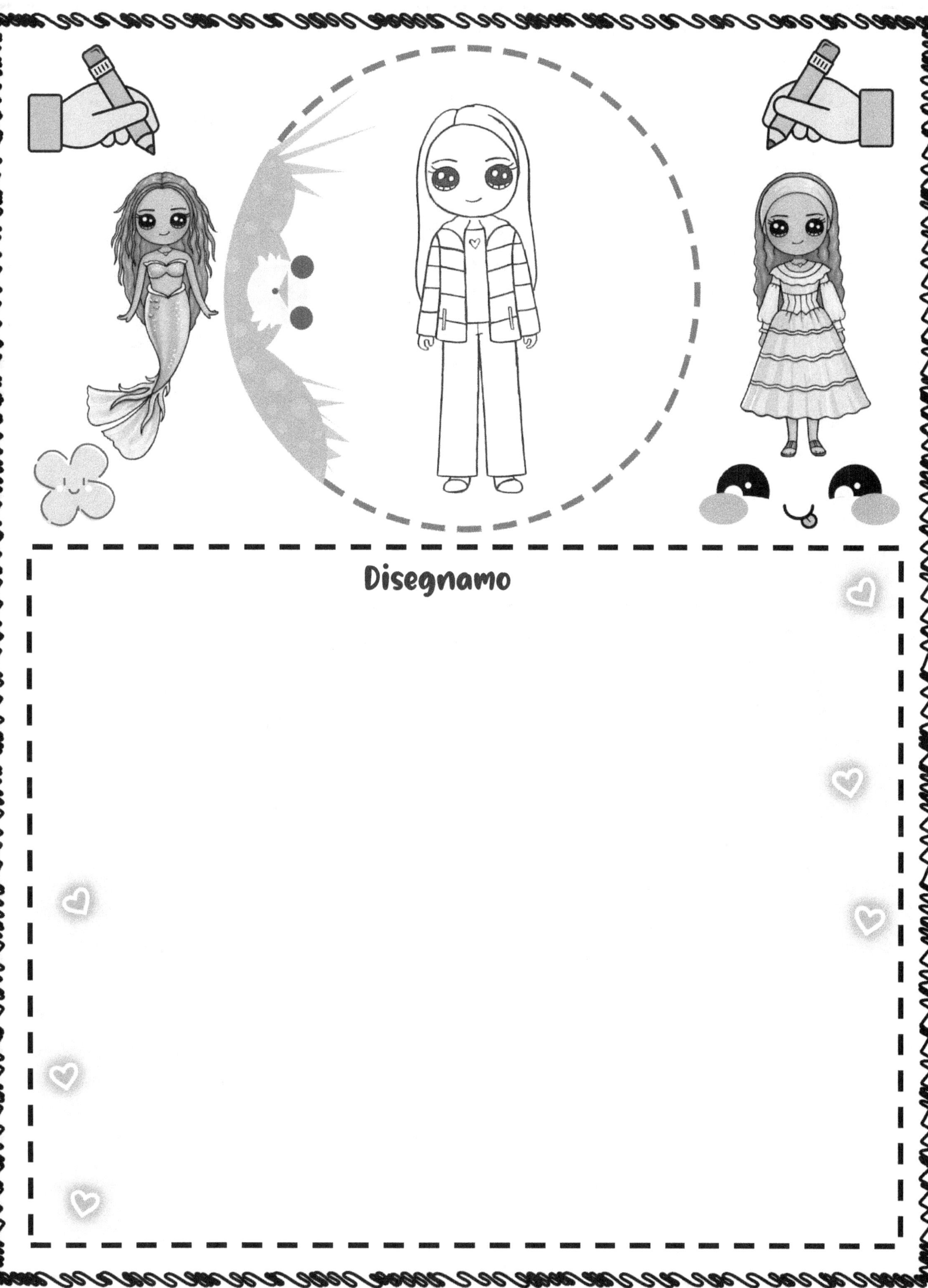

Disegnamo

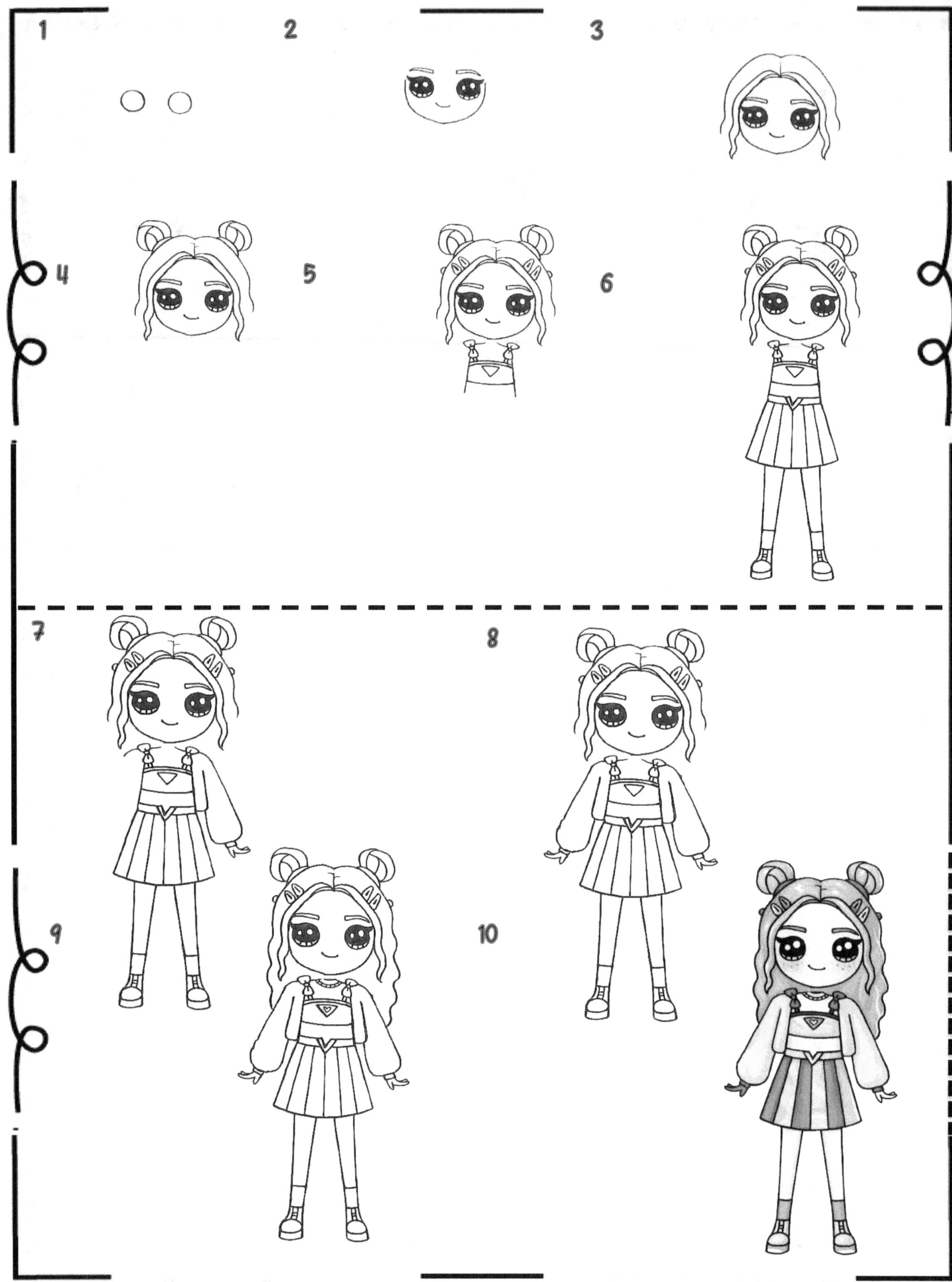

1
2
3
4
5
6
7
8
9
10

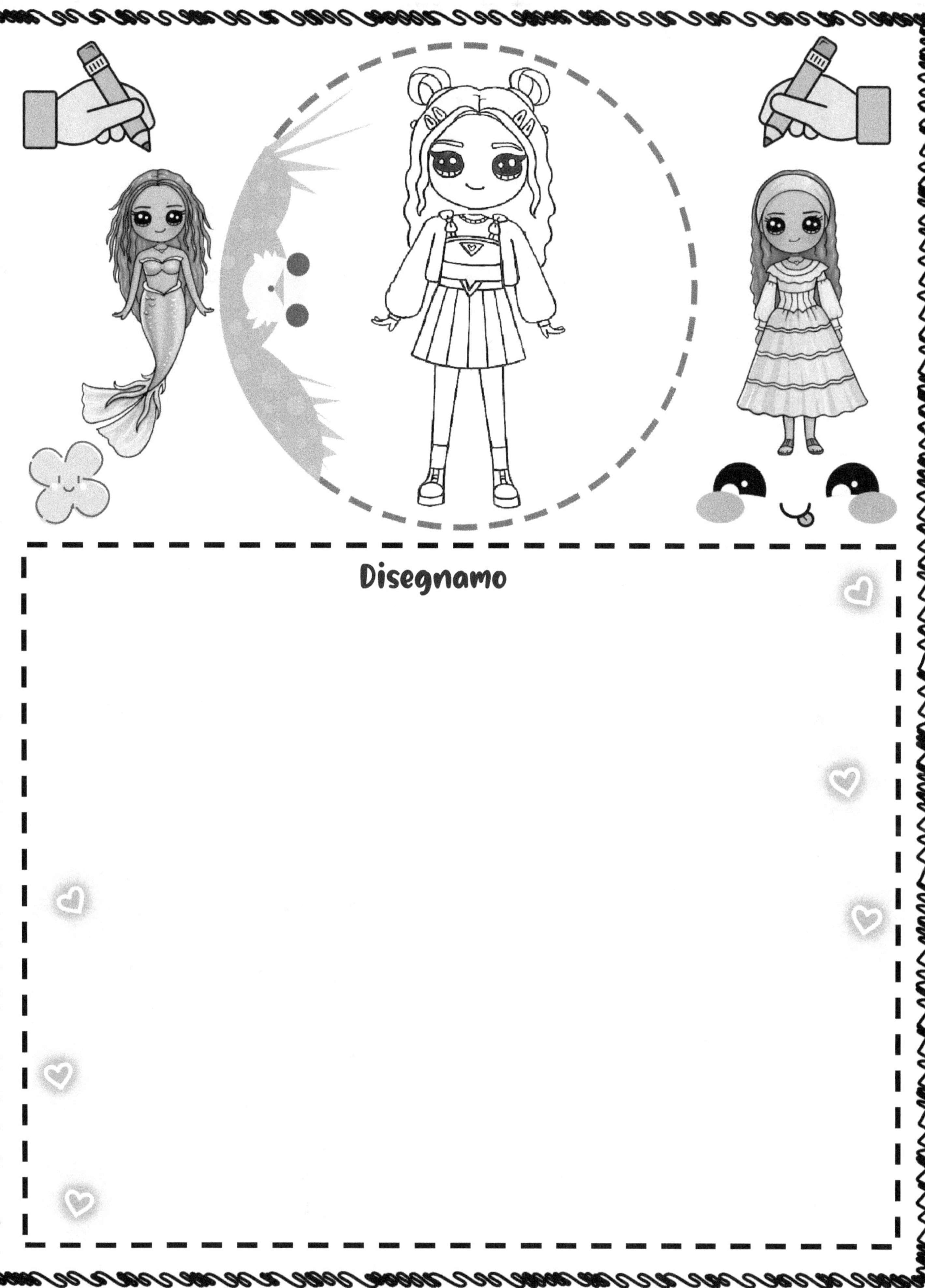

Disegnamo

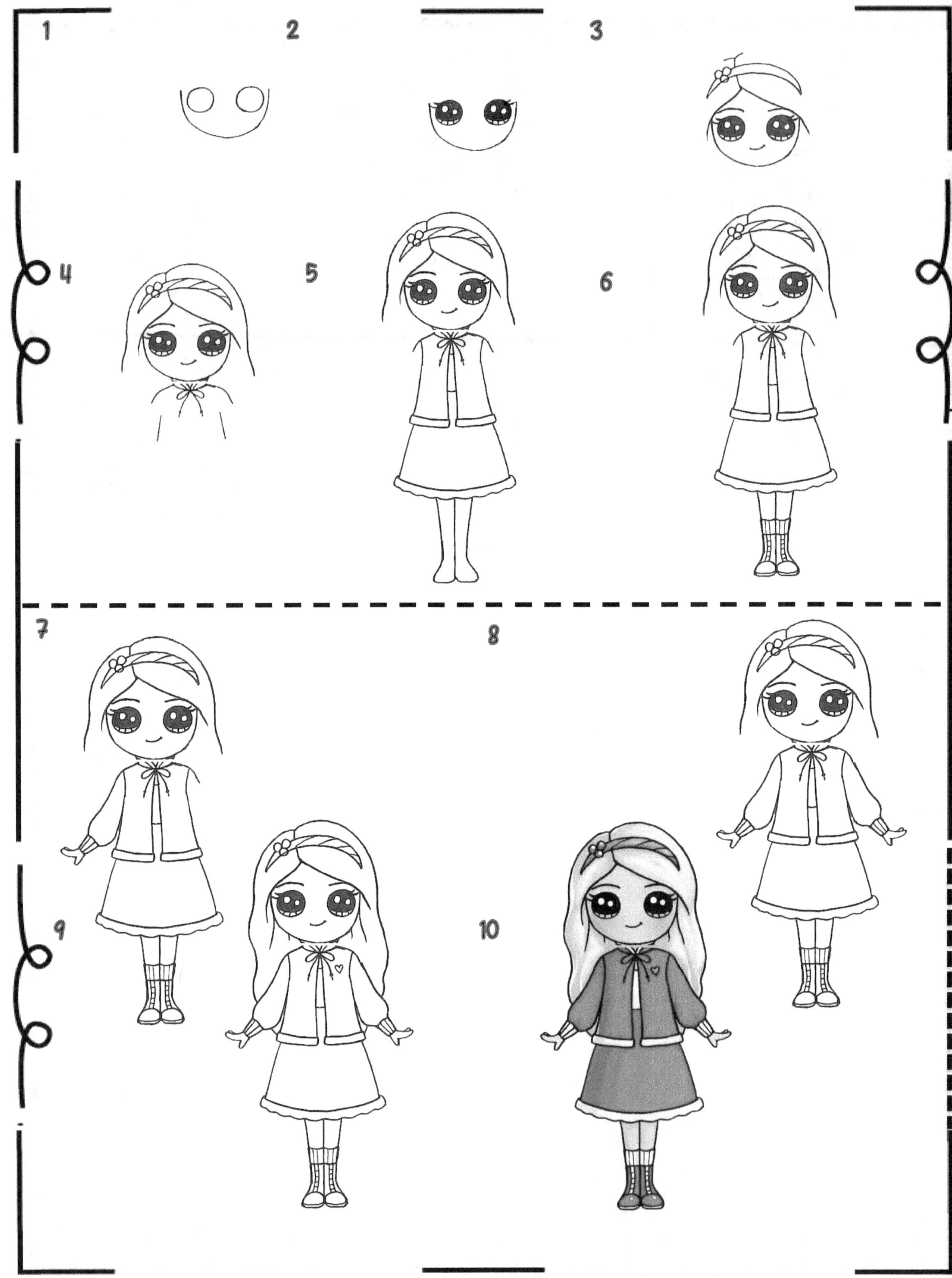

1
2
3
4
5
6
7
8
9
10

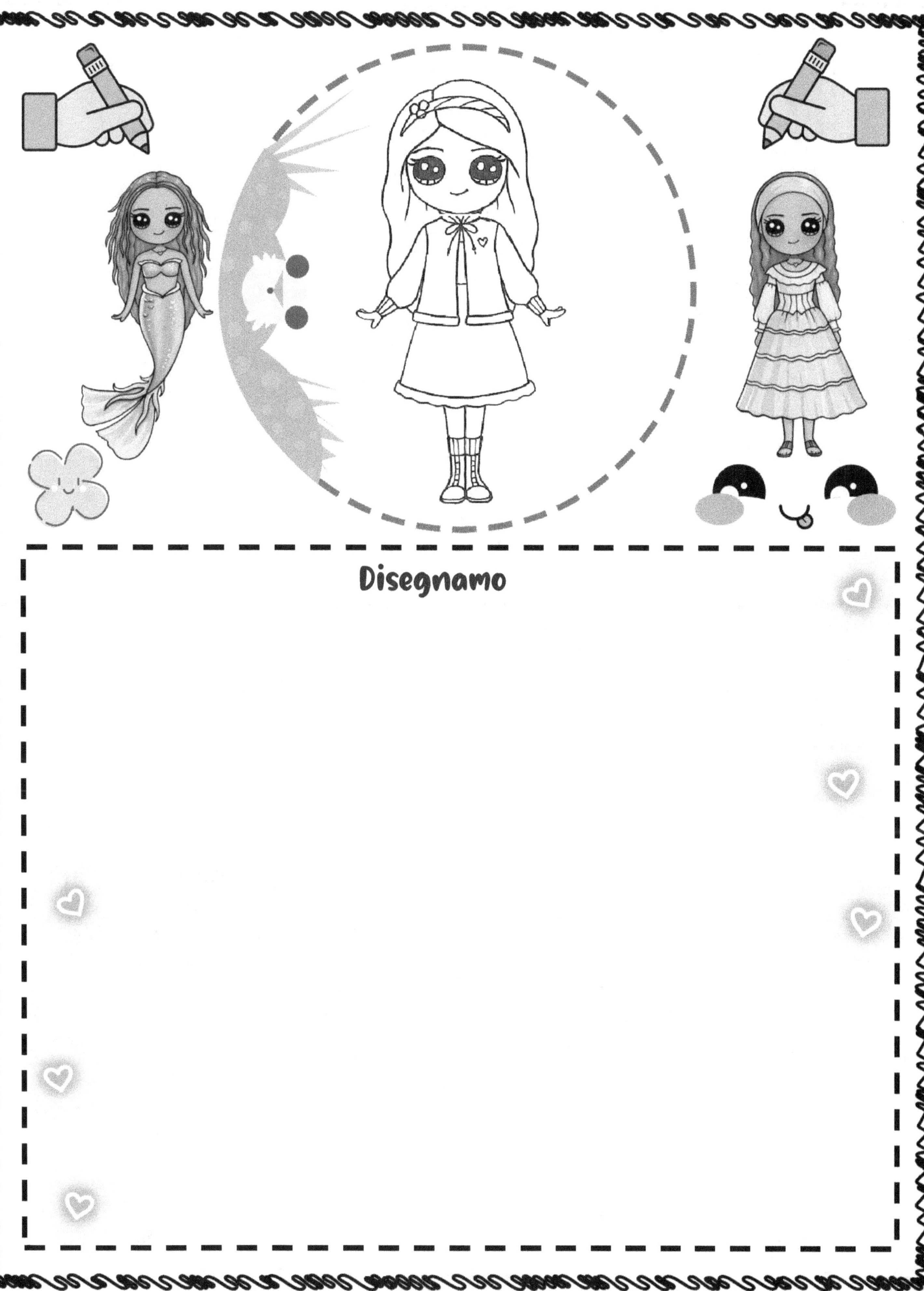

Disegnamo

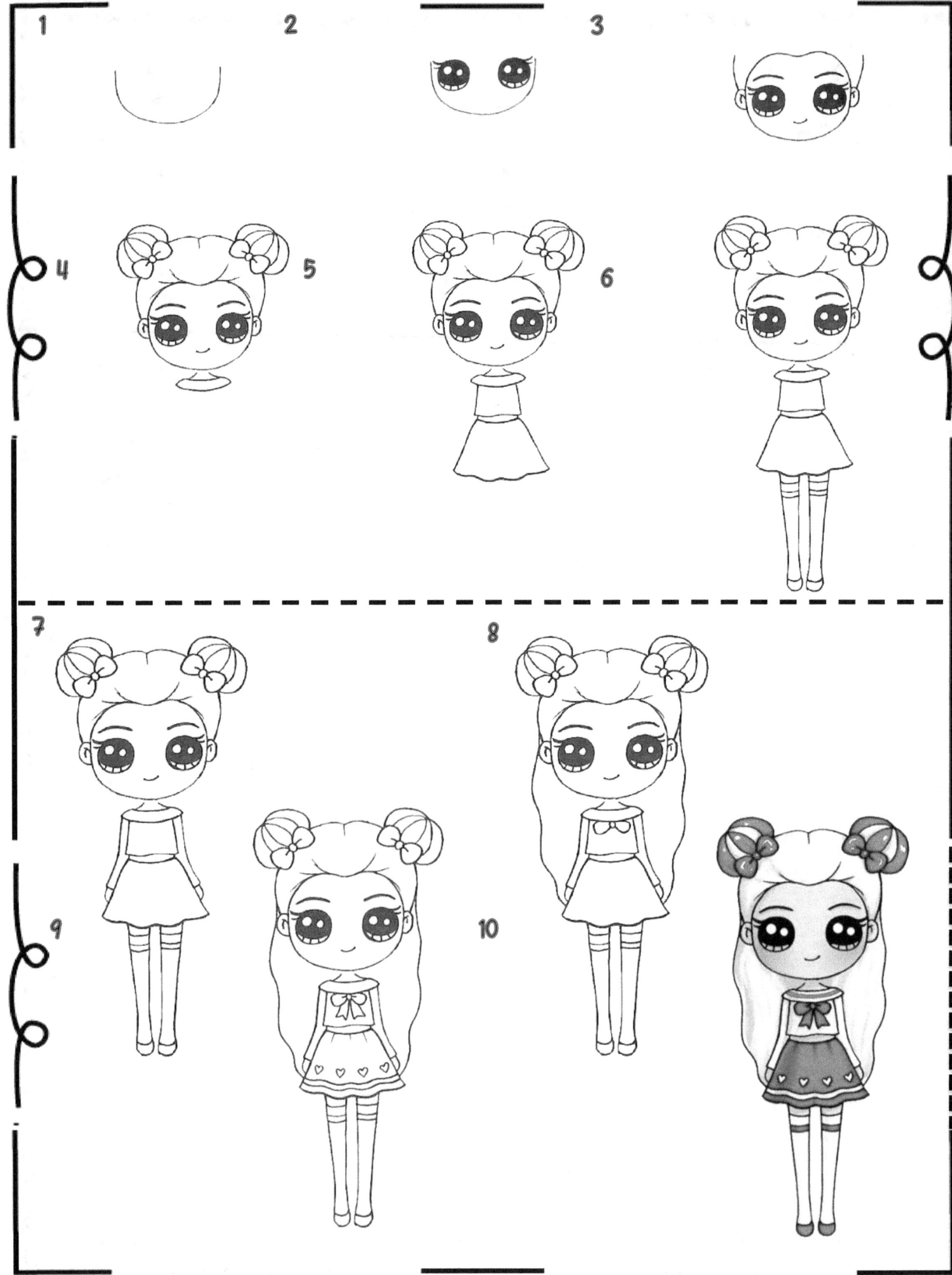

1
2
3
4
5
6
7
8
9
10

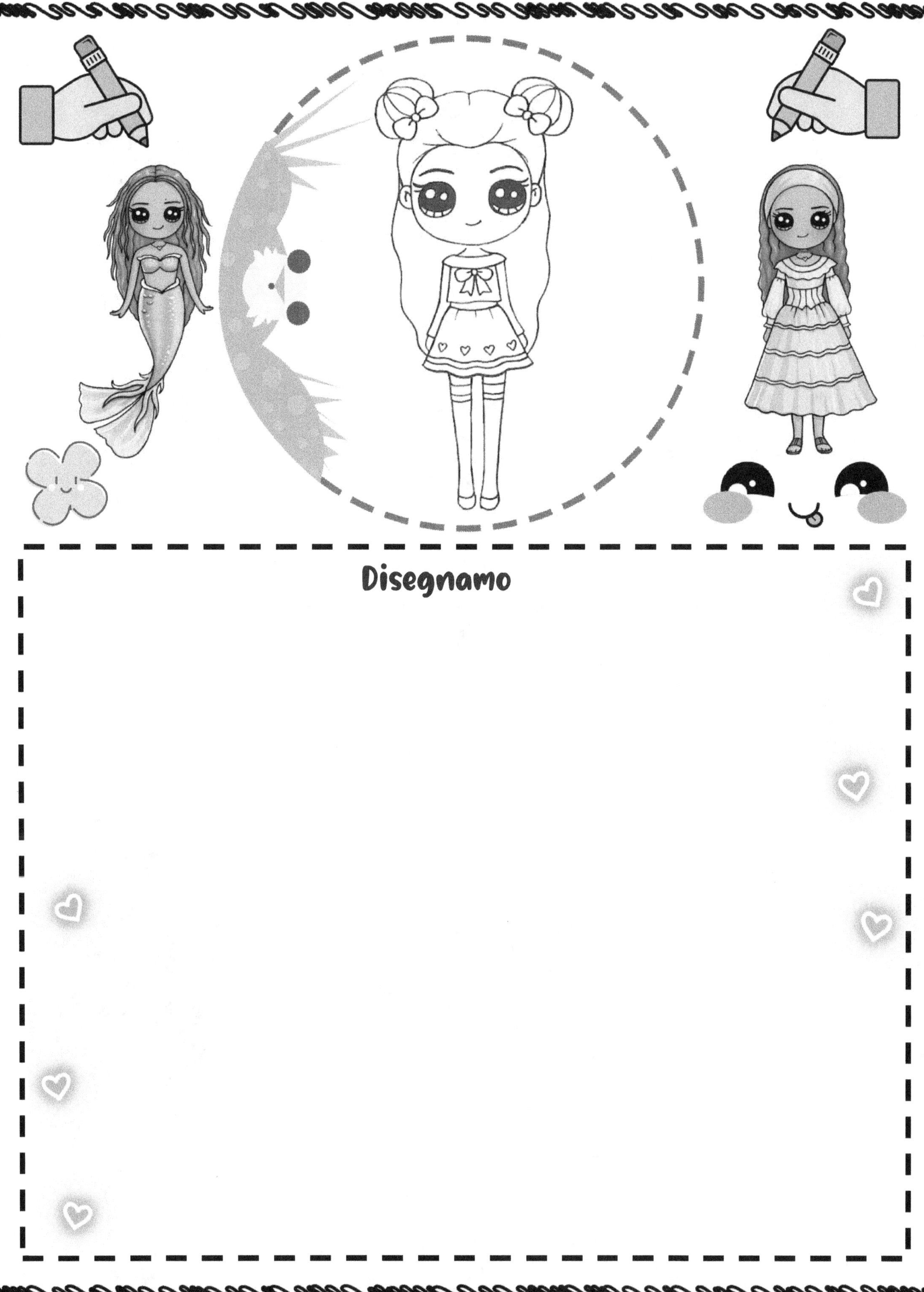

Disegnamo

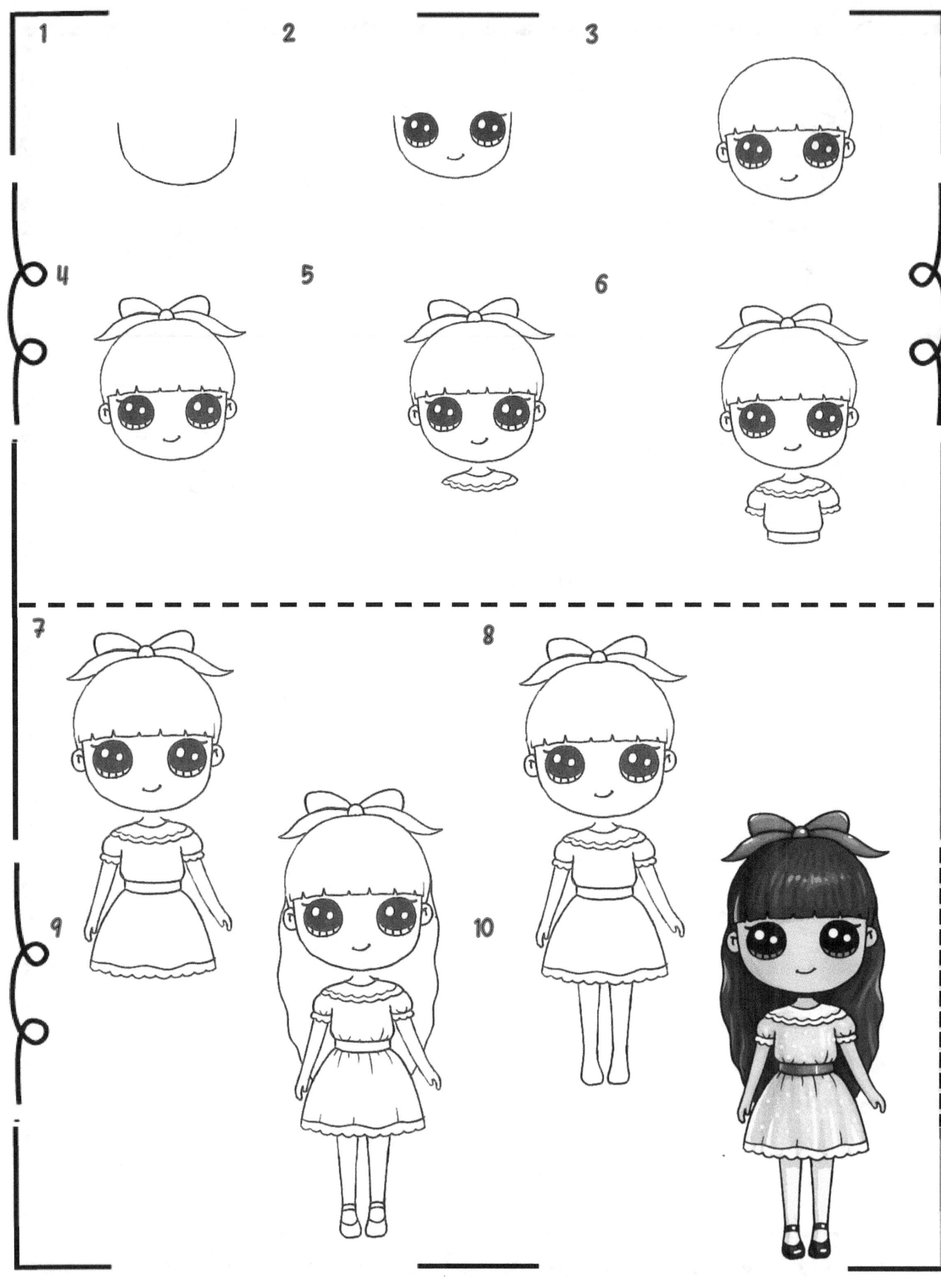

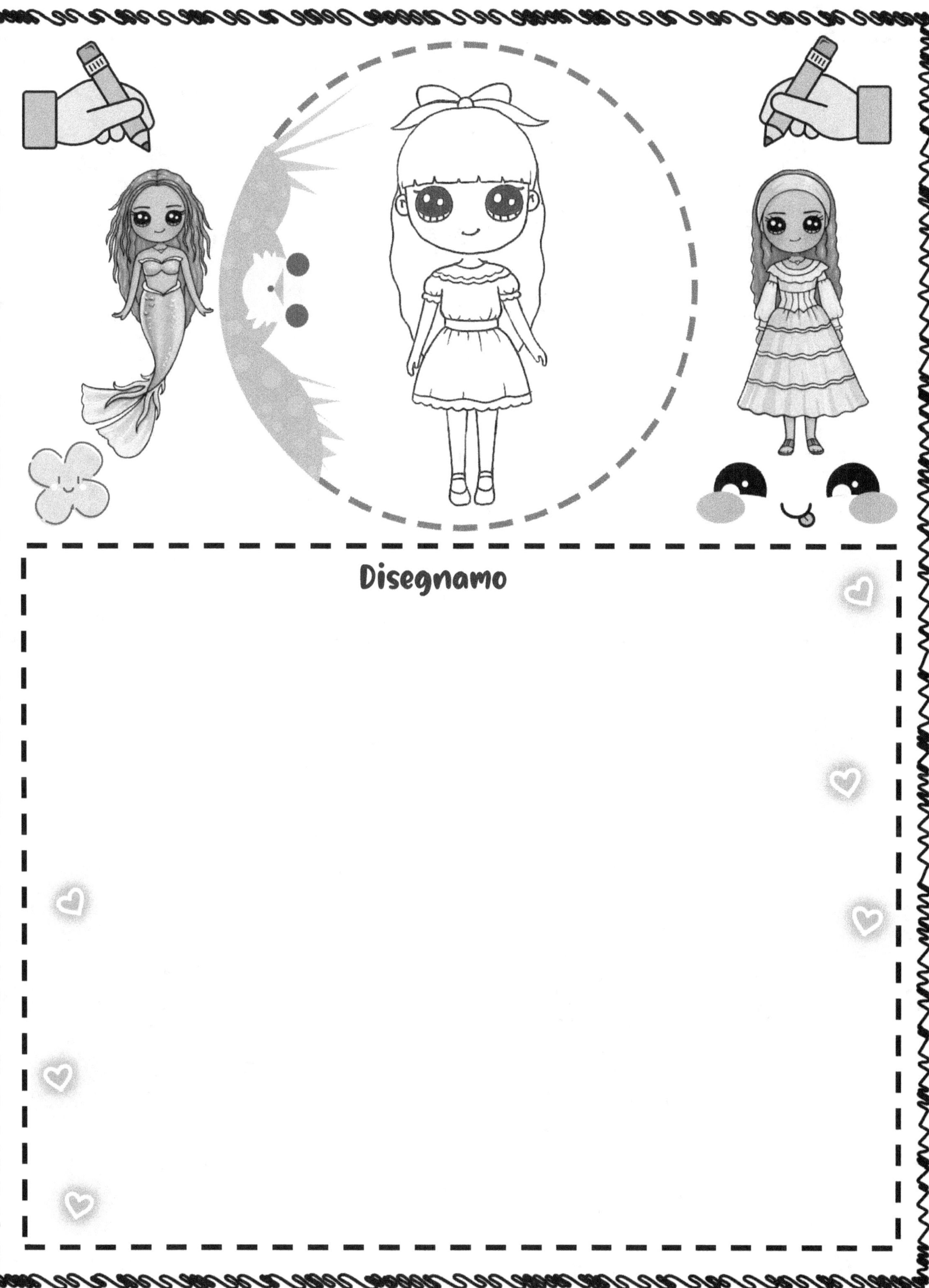

Disegnamo

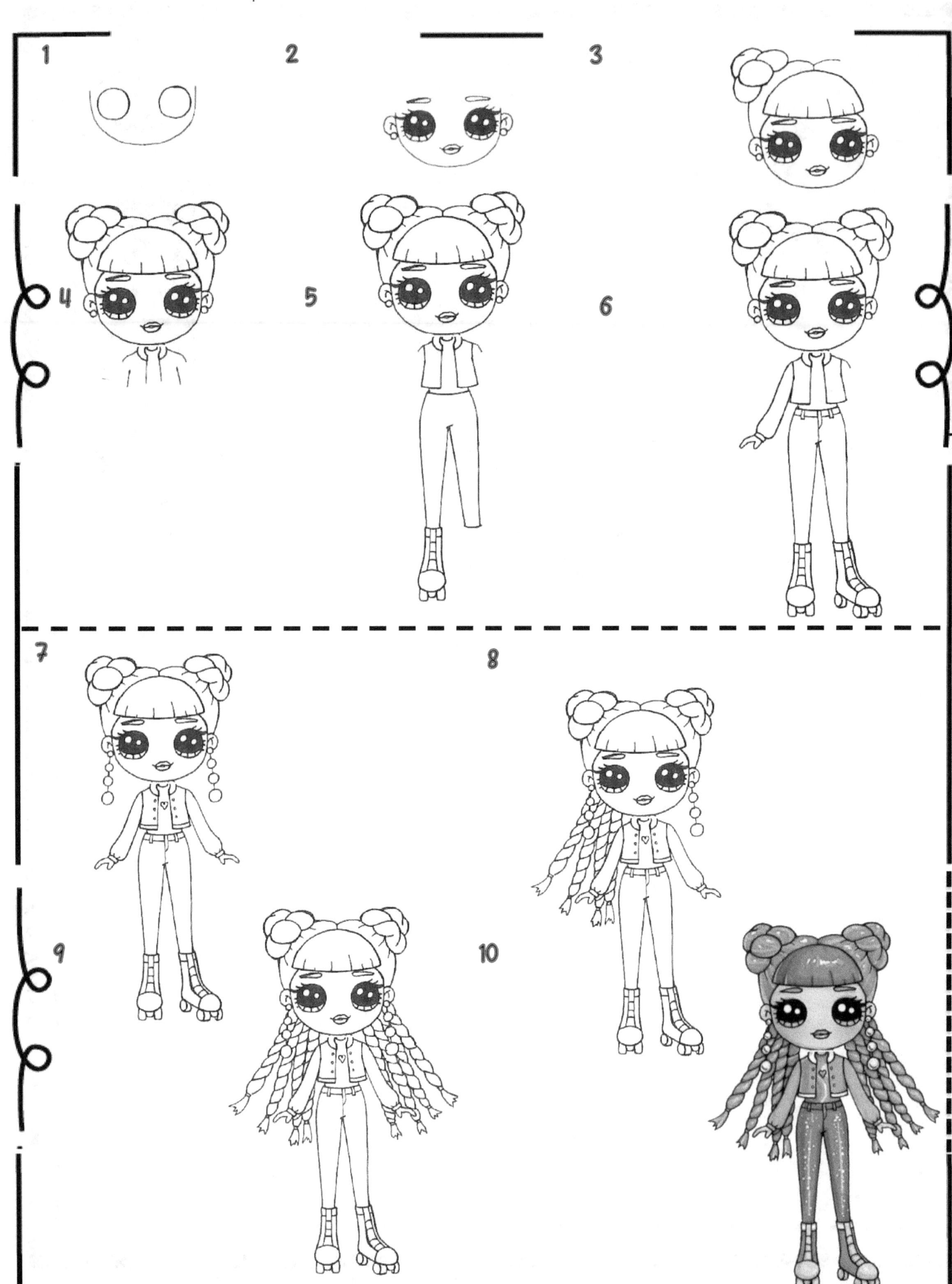

1
2
3
4
5
6
7
8
9
10

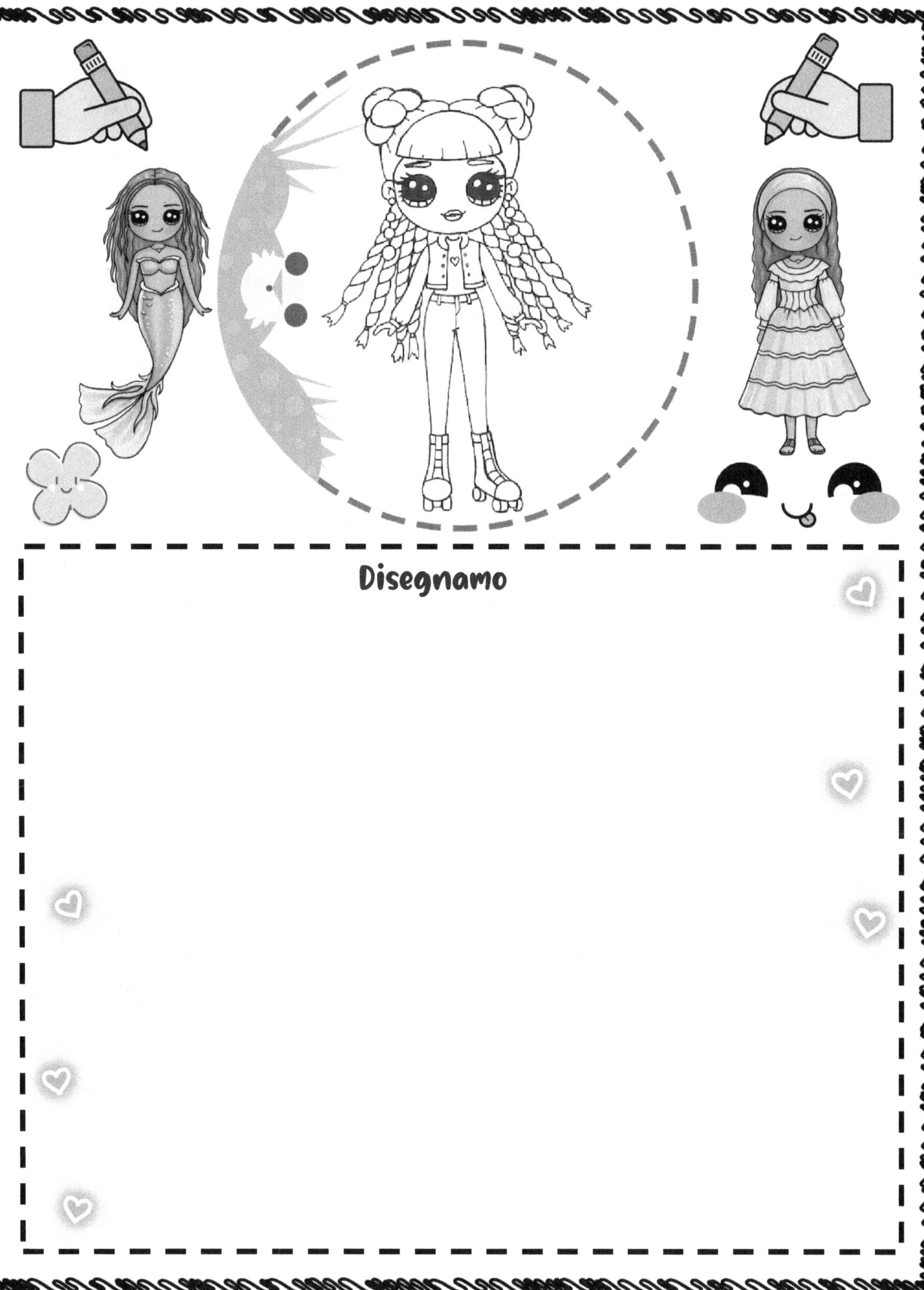

Disegnamo

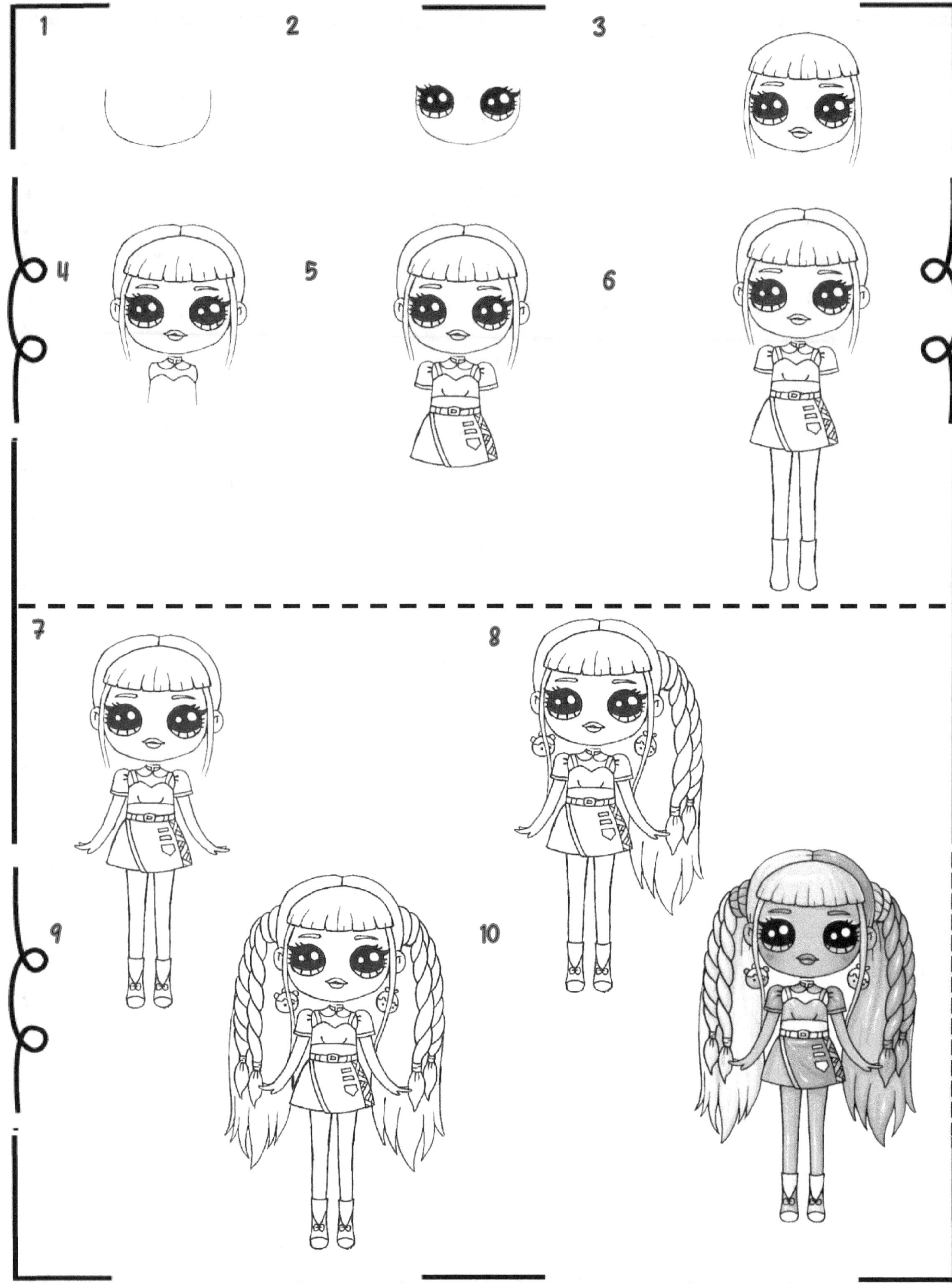

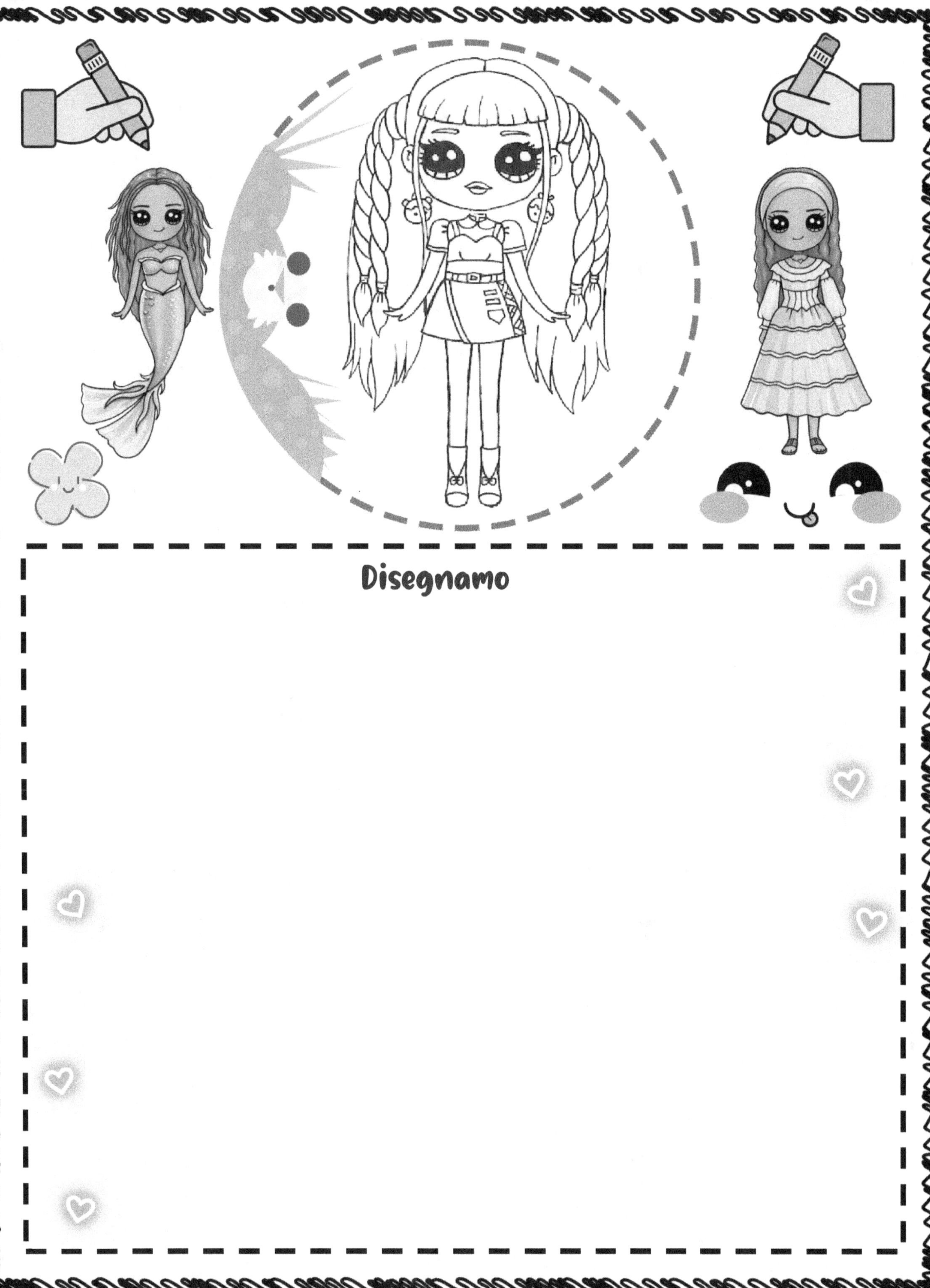

Disegnamo

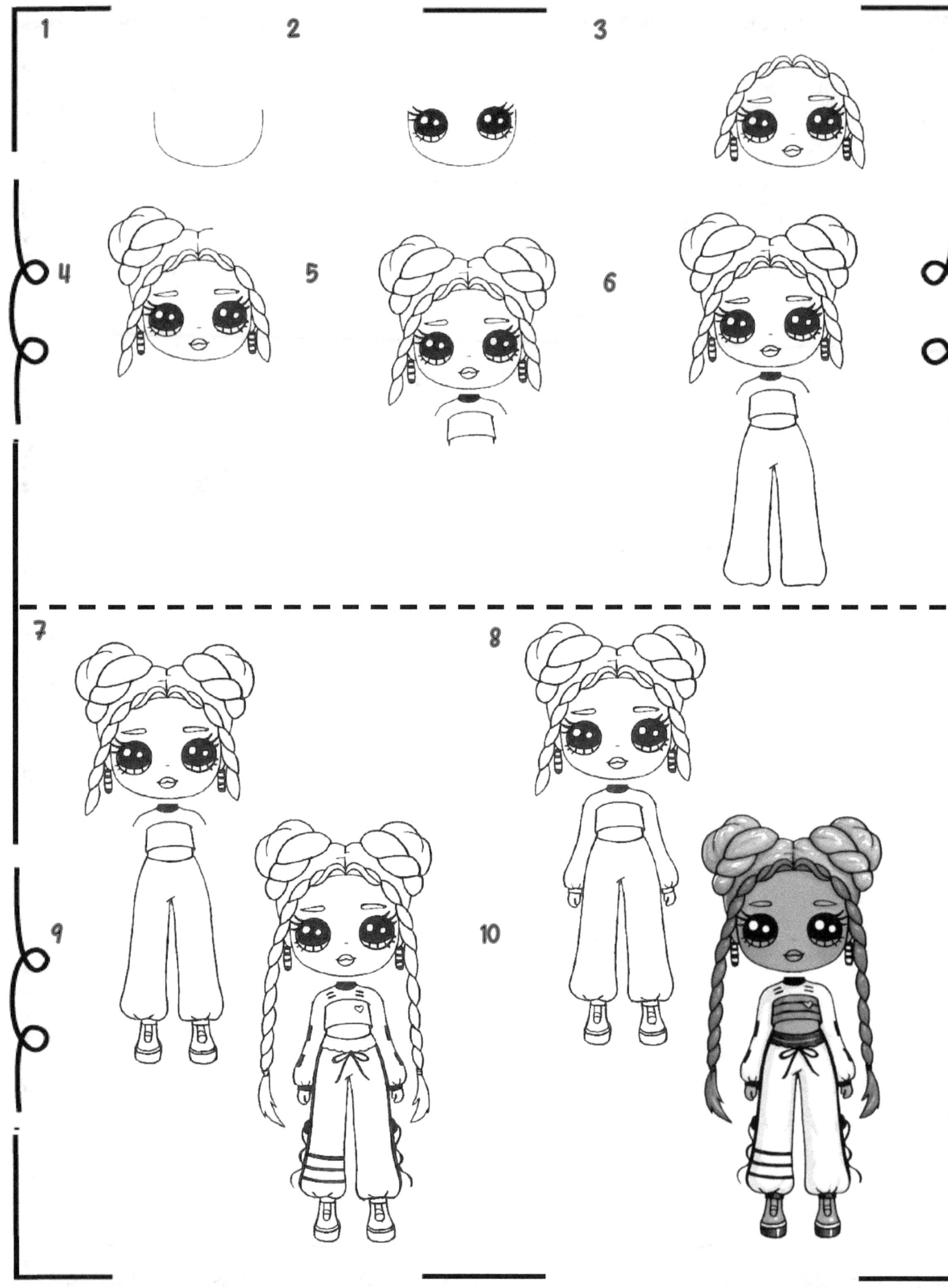

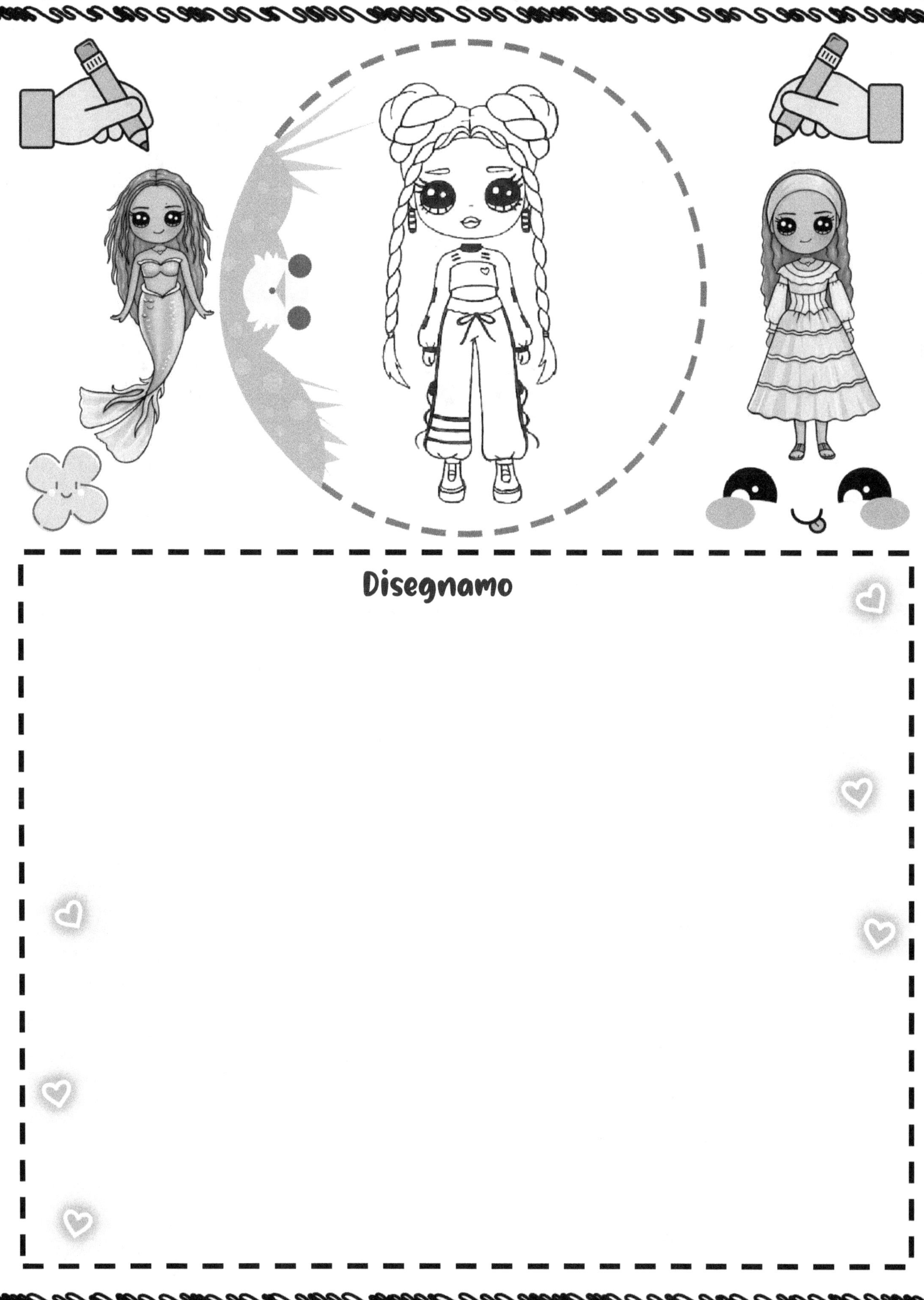

Disegnamo

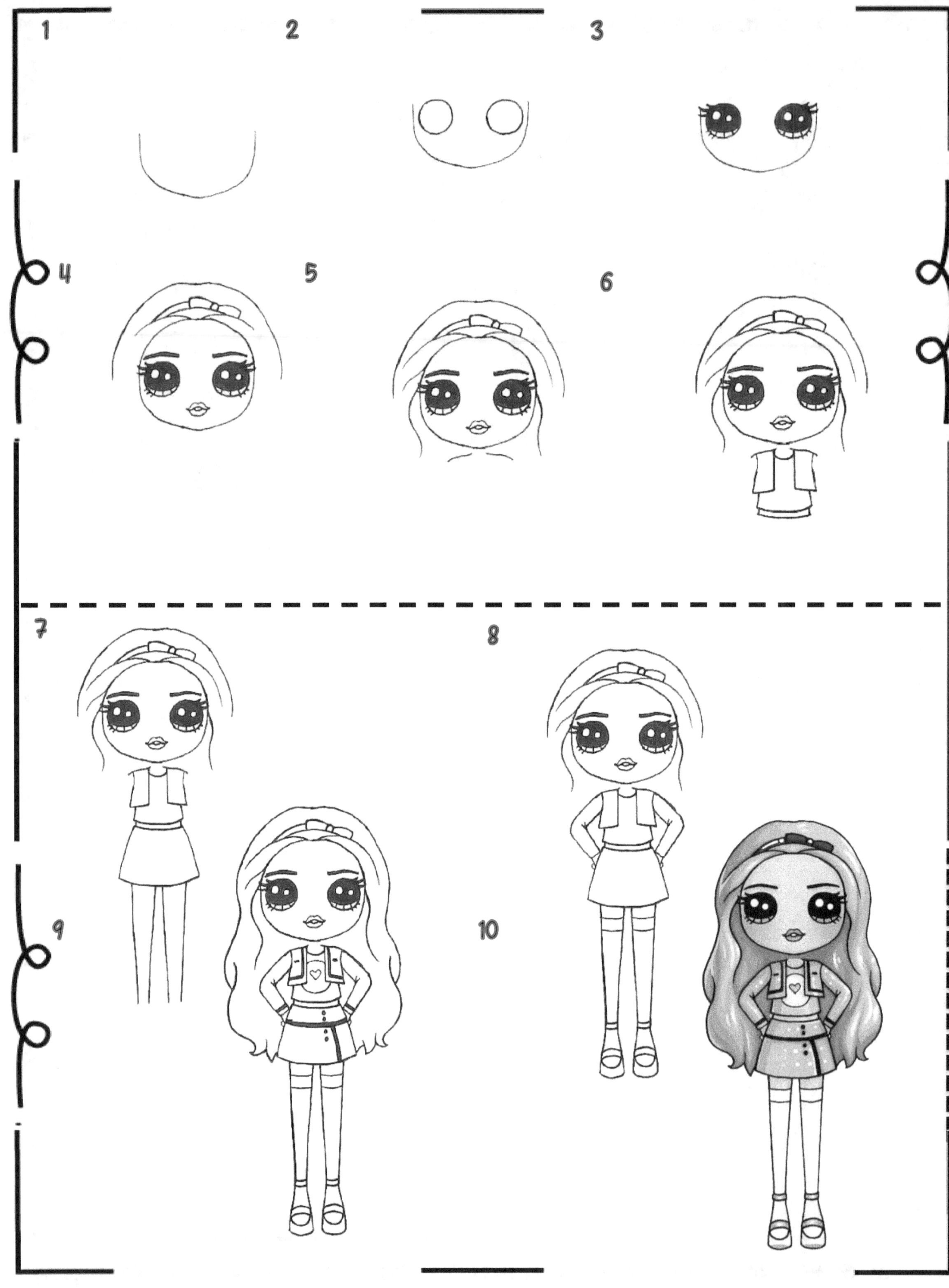

1
2
3
4
5
6
7
8
9
10

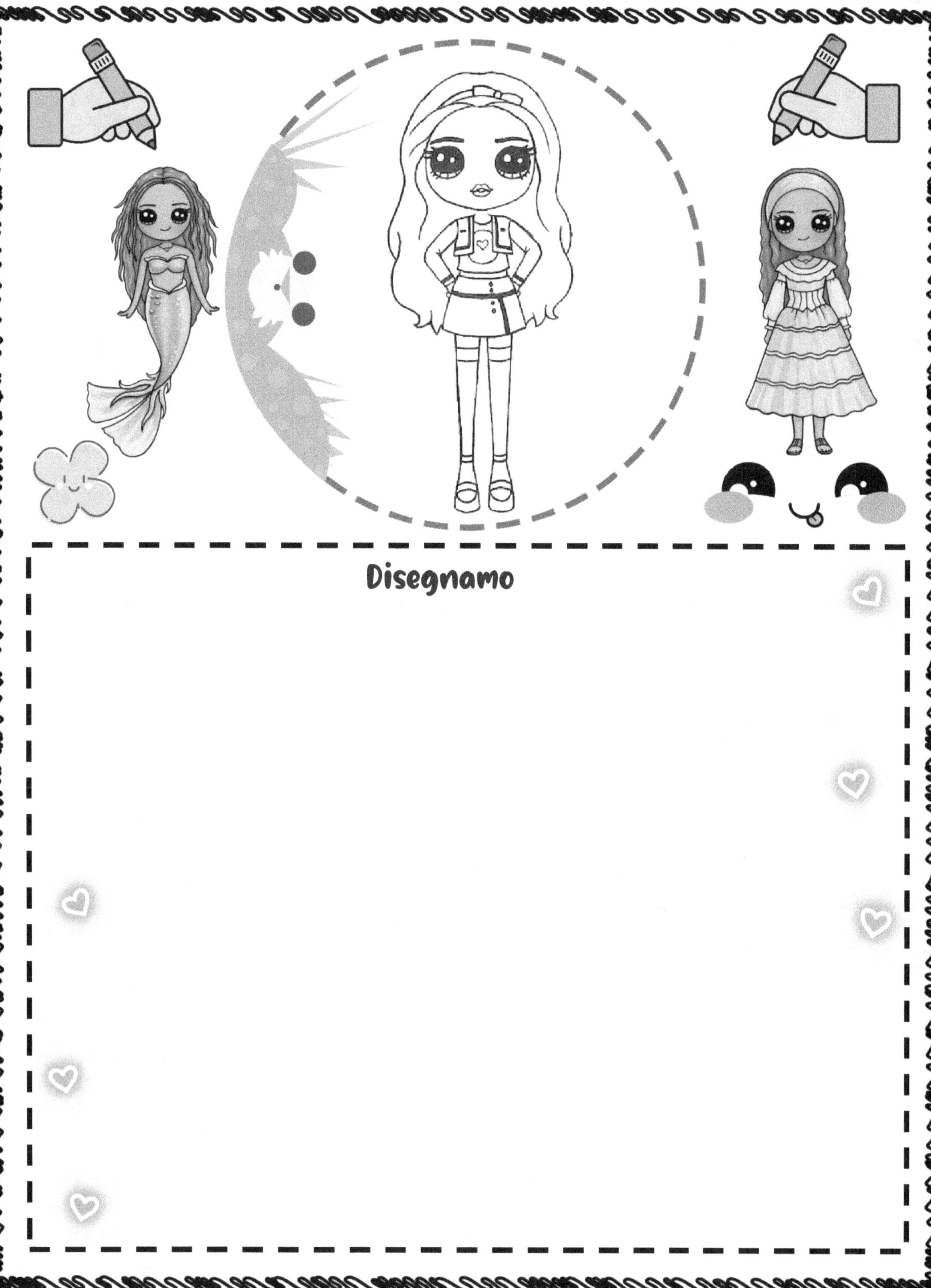
Disegnamo

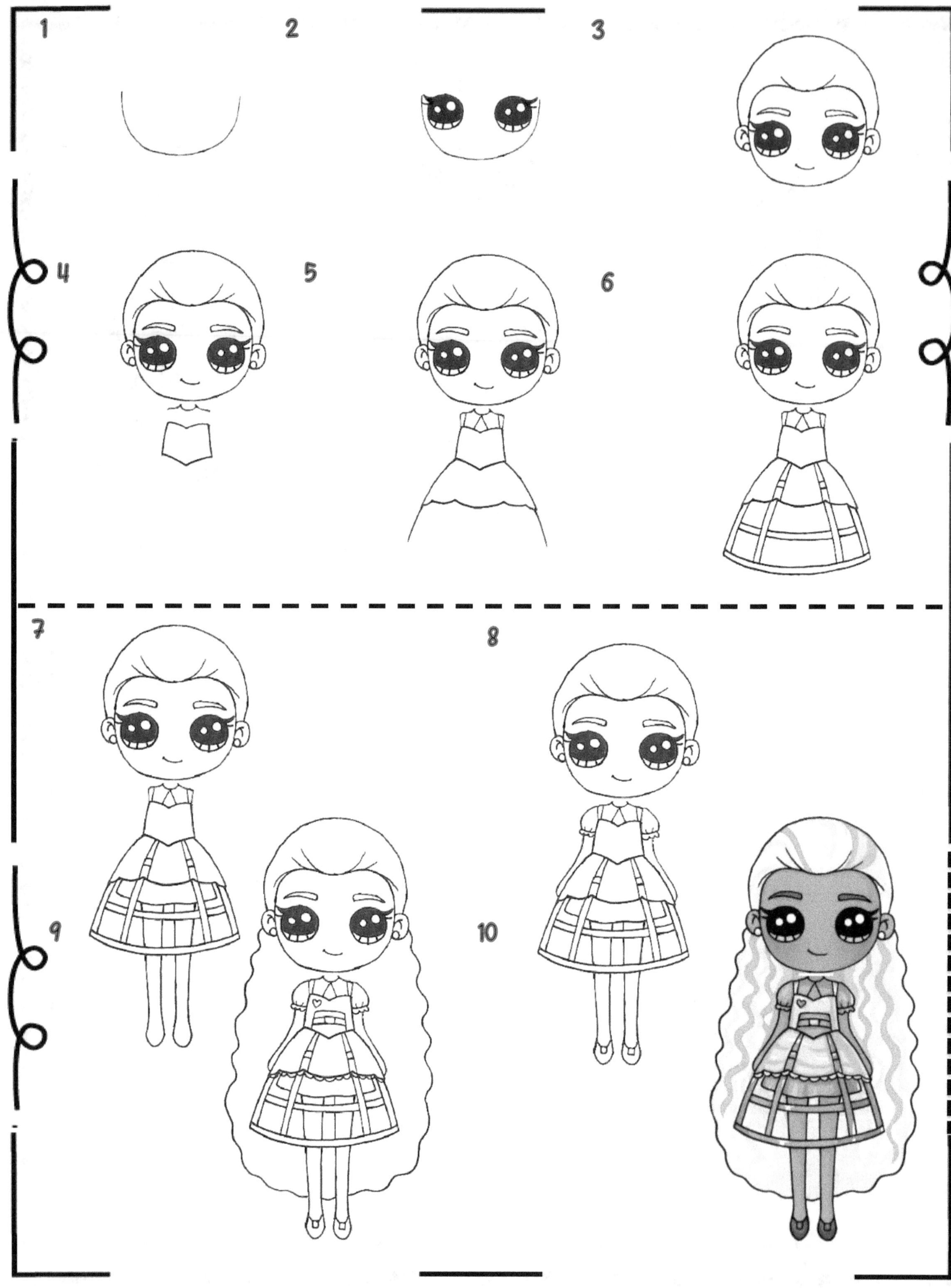

1
2
3
4
5
6
7
8
9
10

Disegnamo

1

2

3

4

5

6

7

8

9

10

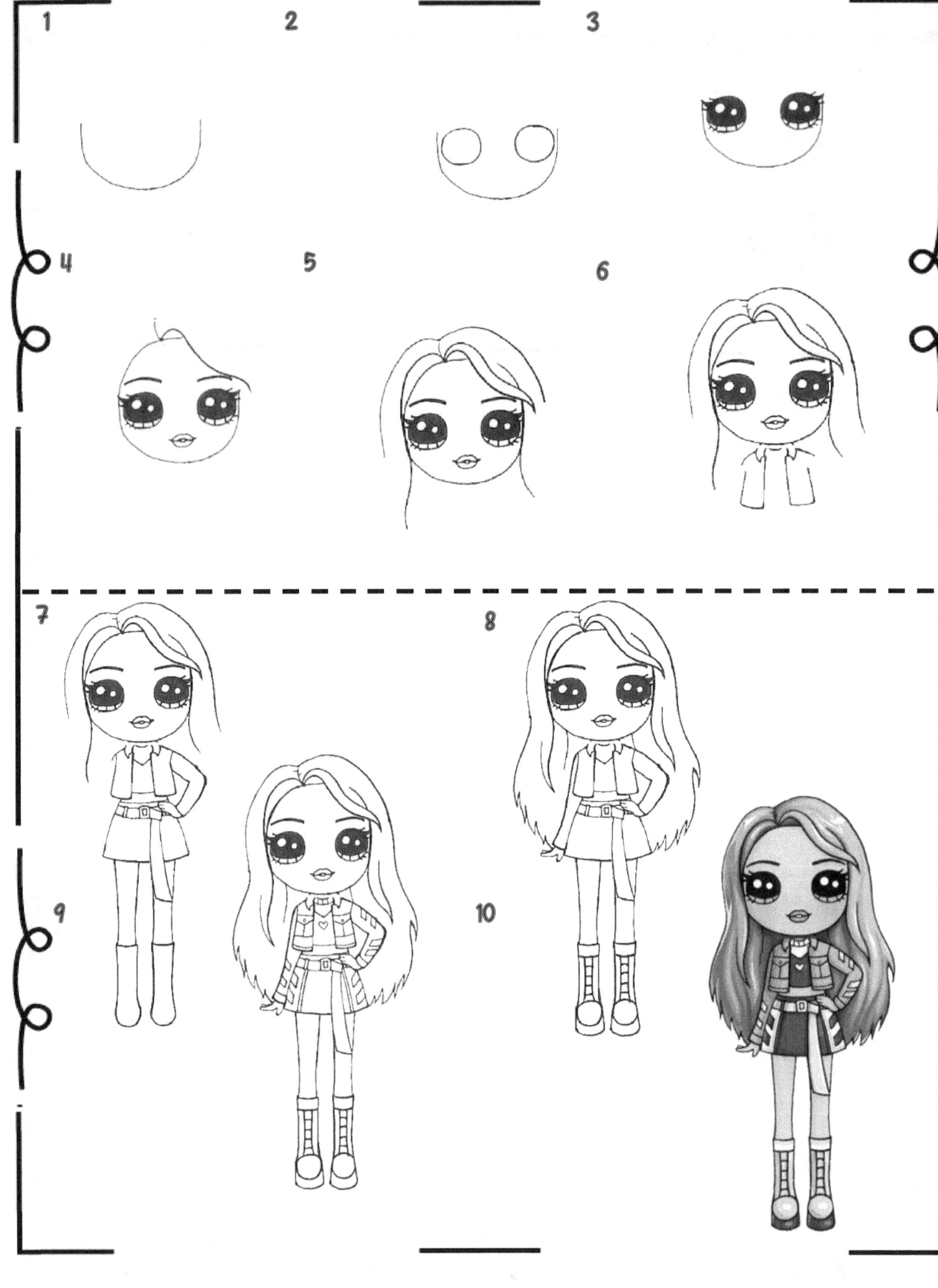

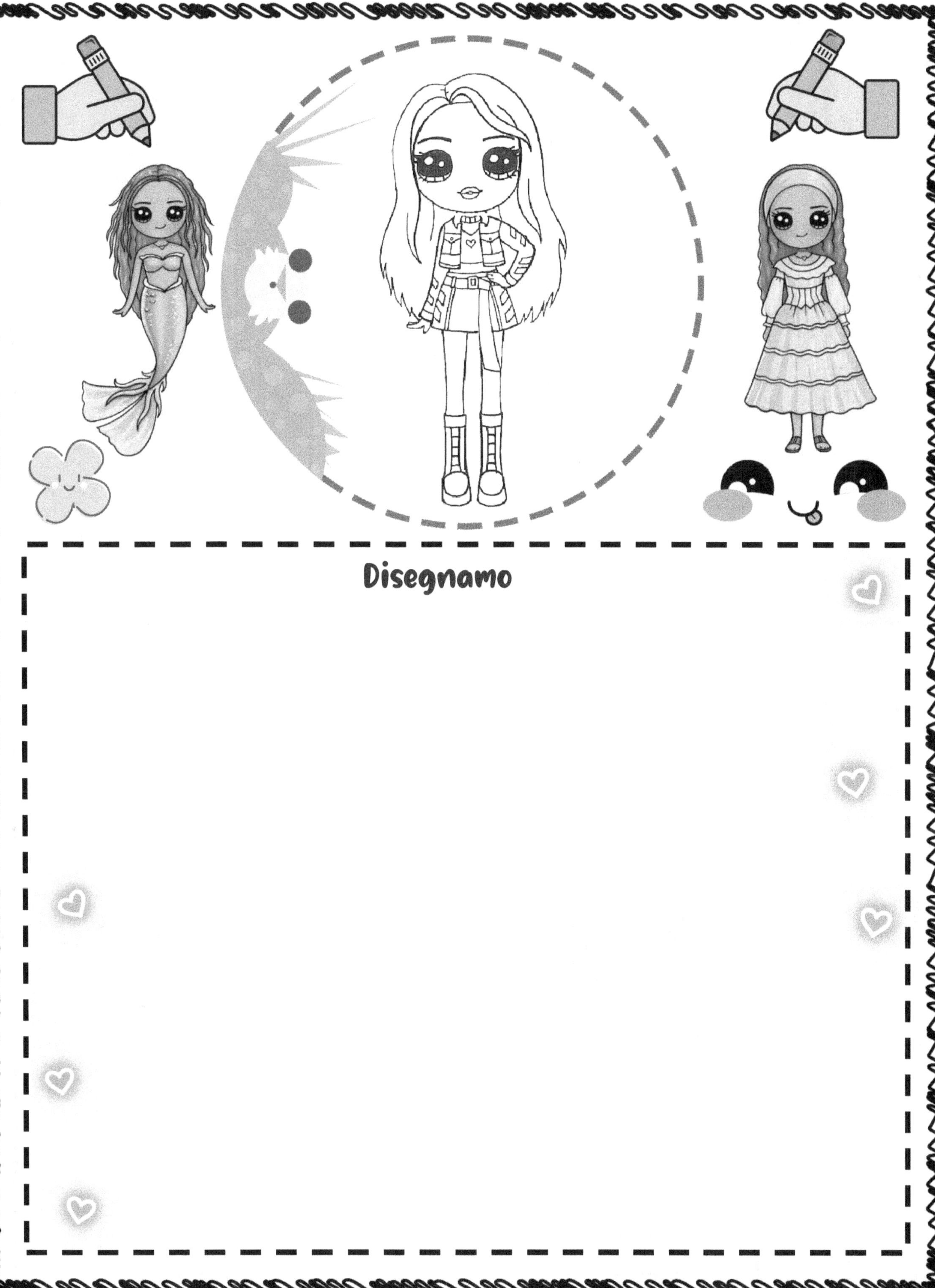

Disegnamo

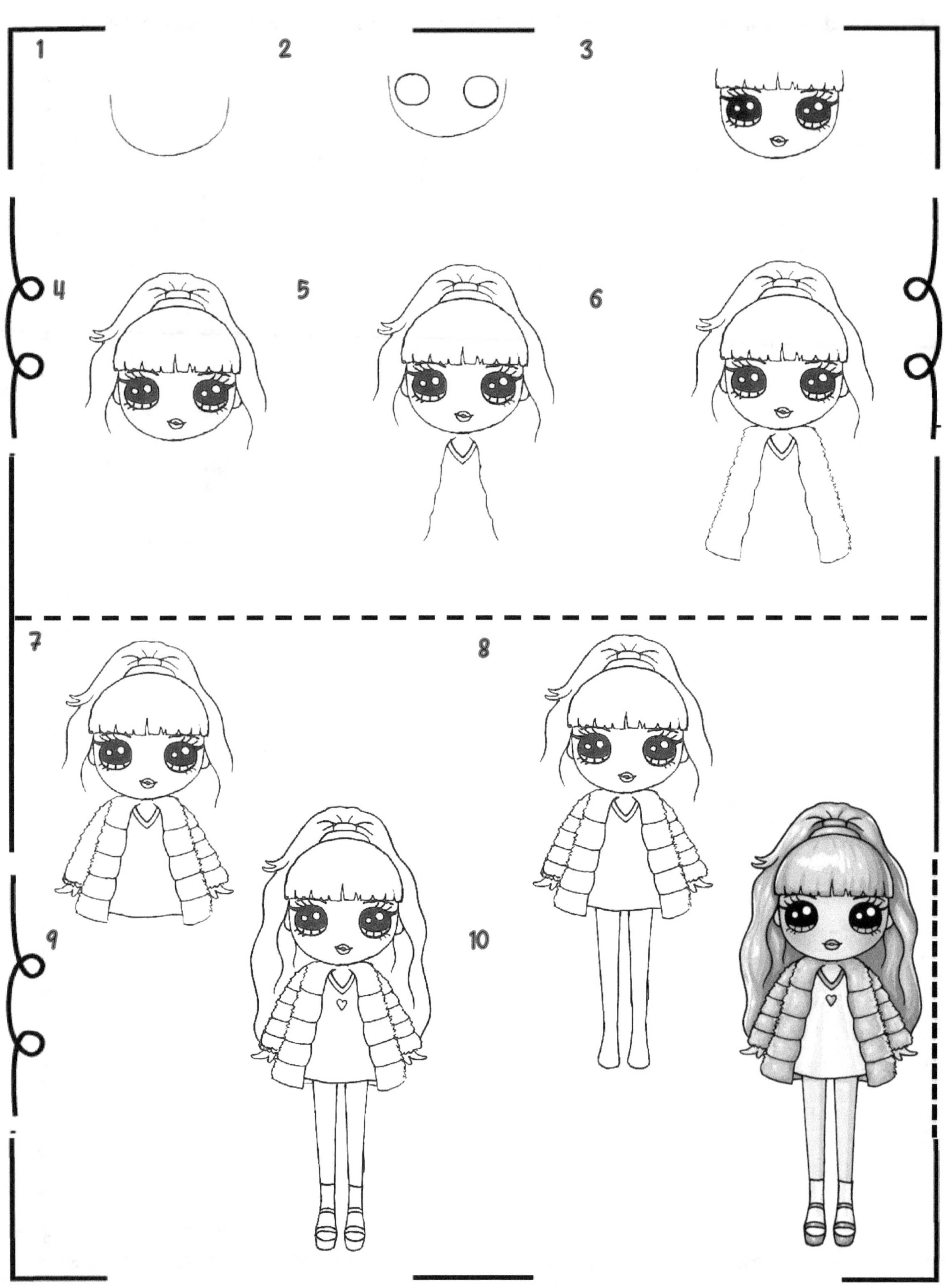

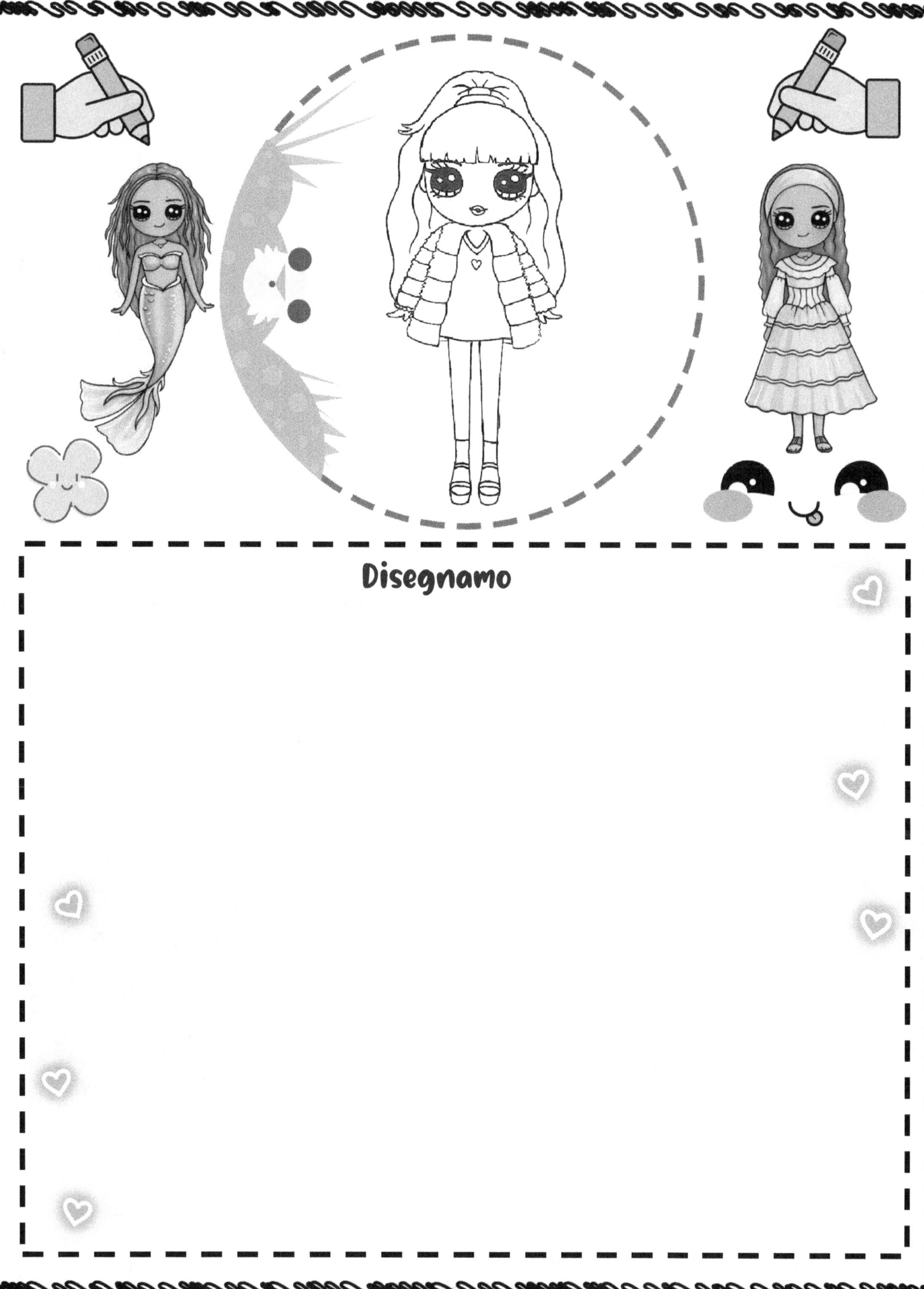

Disegnamo

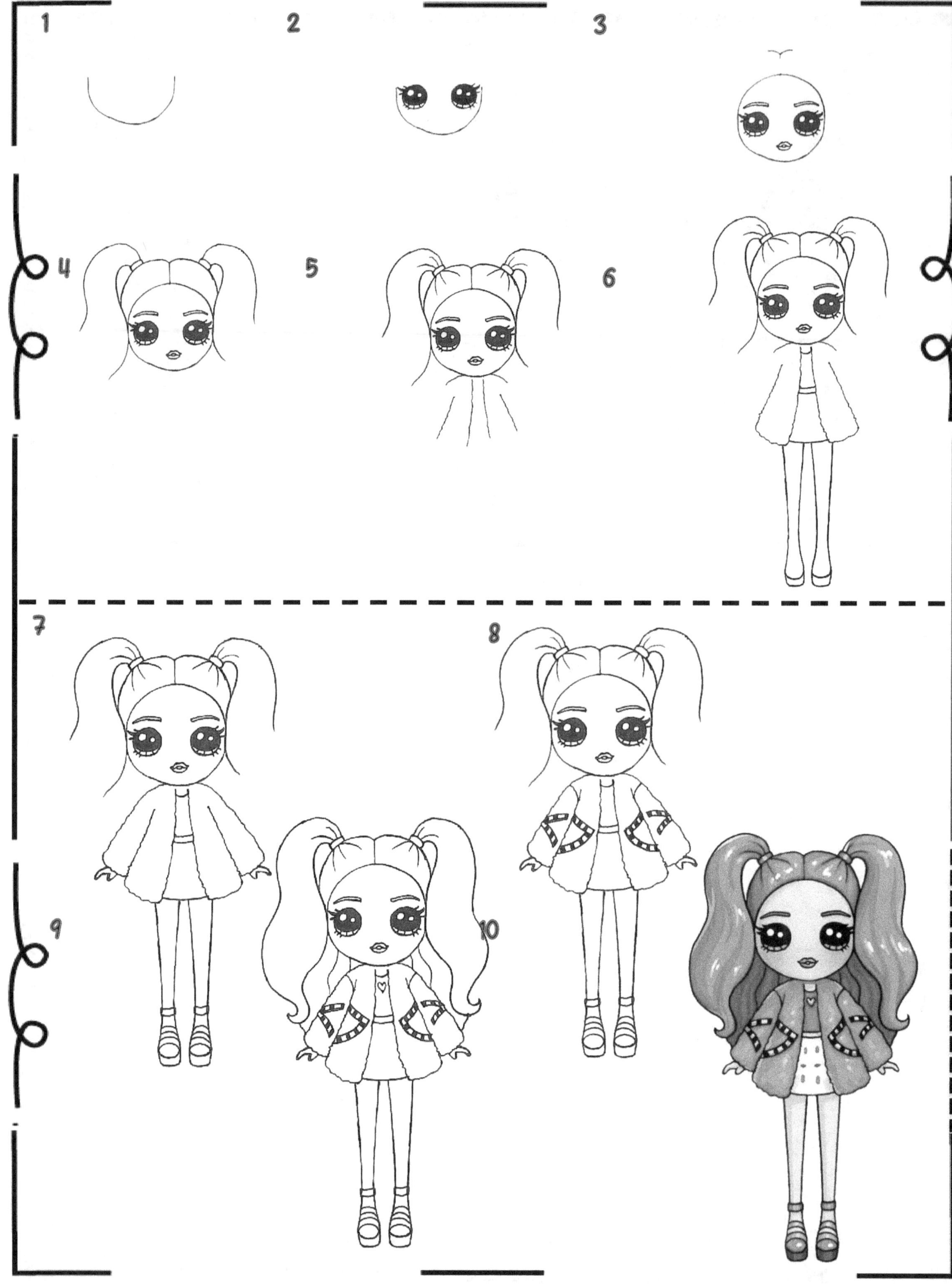
1
2
3
4
5
6
7
8
9
10

Disegnamo

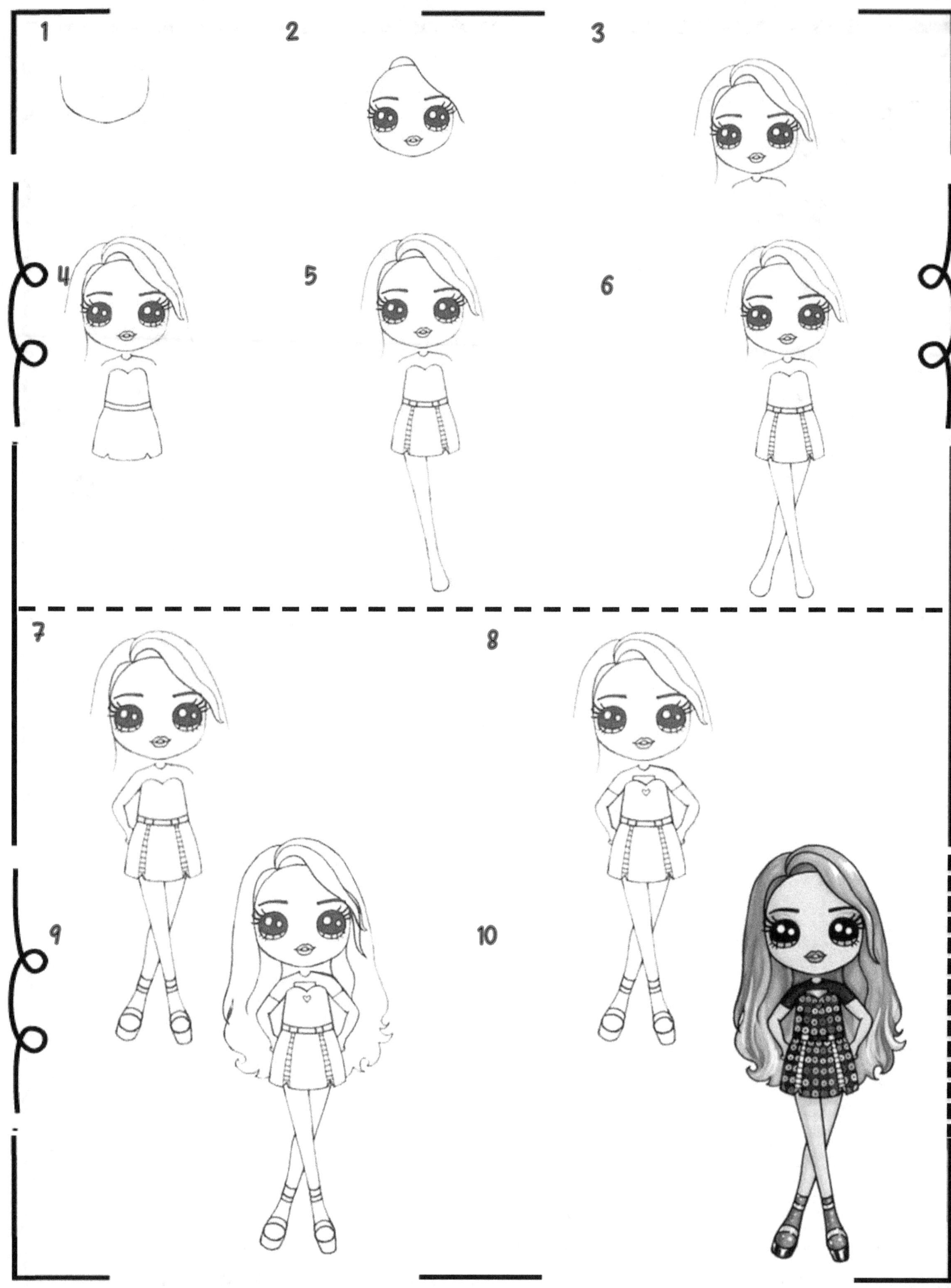

1
2
3
4
5
6
7
8
9
10

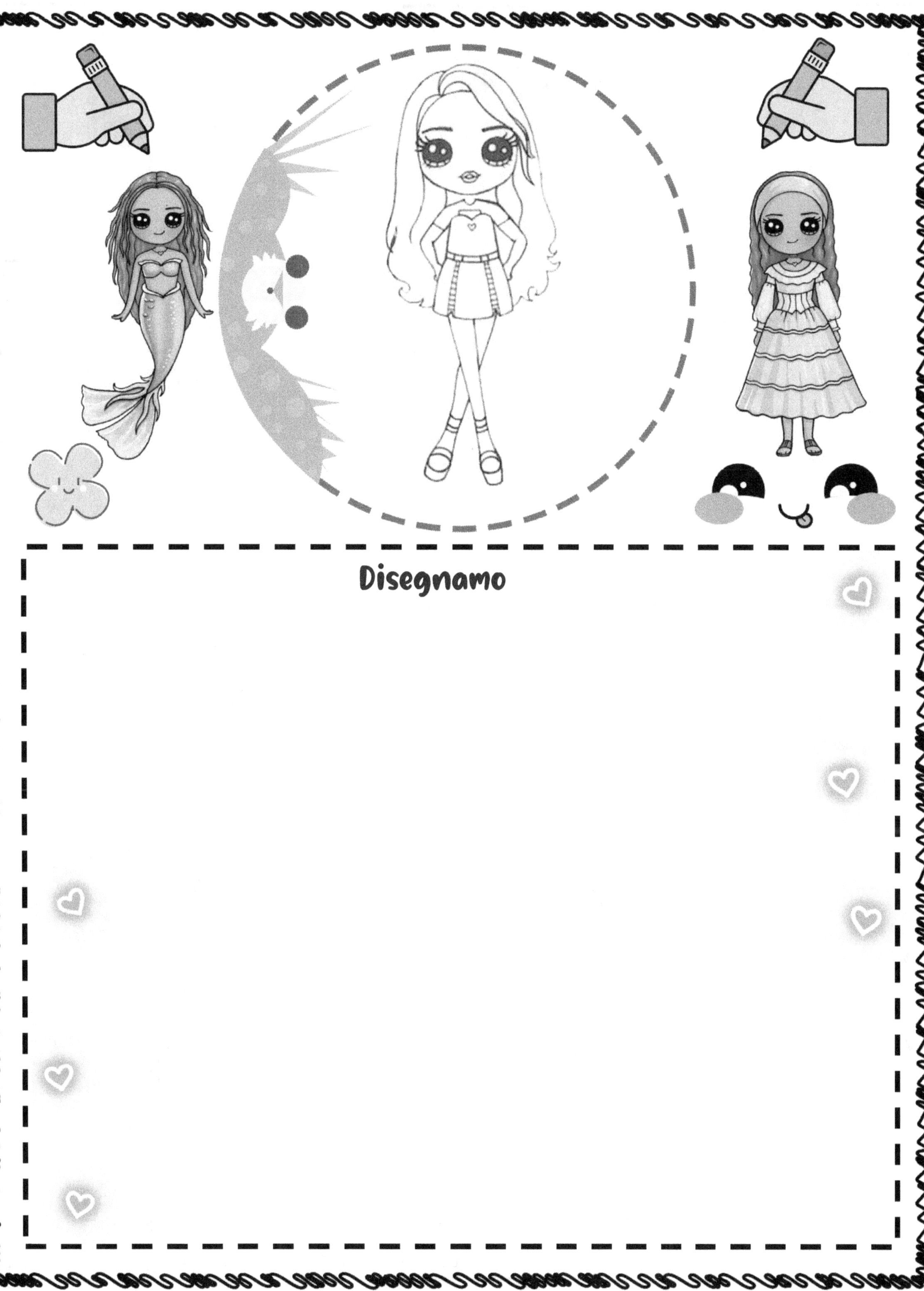

Disegnamo

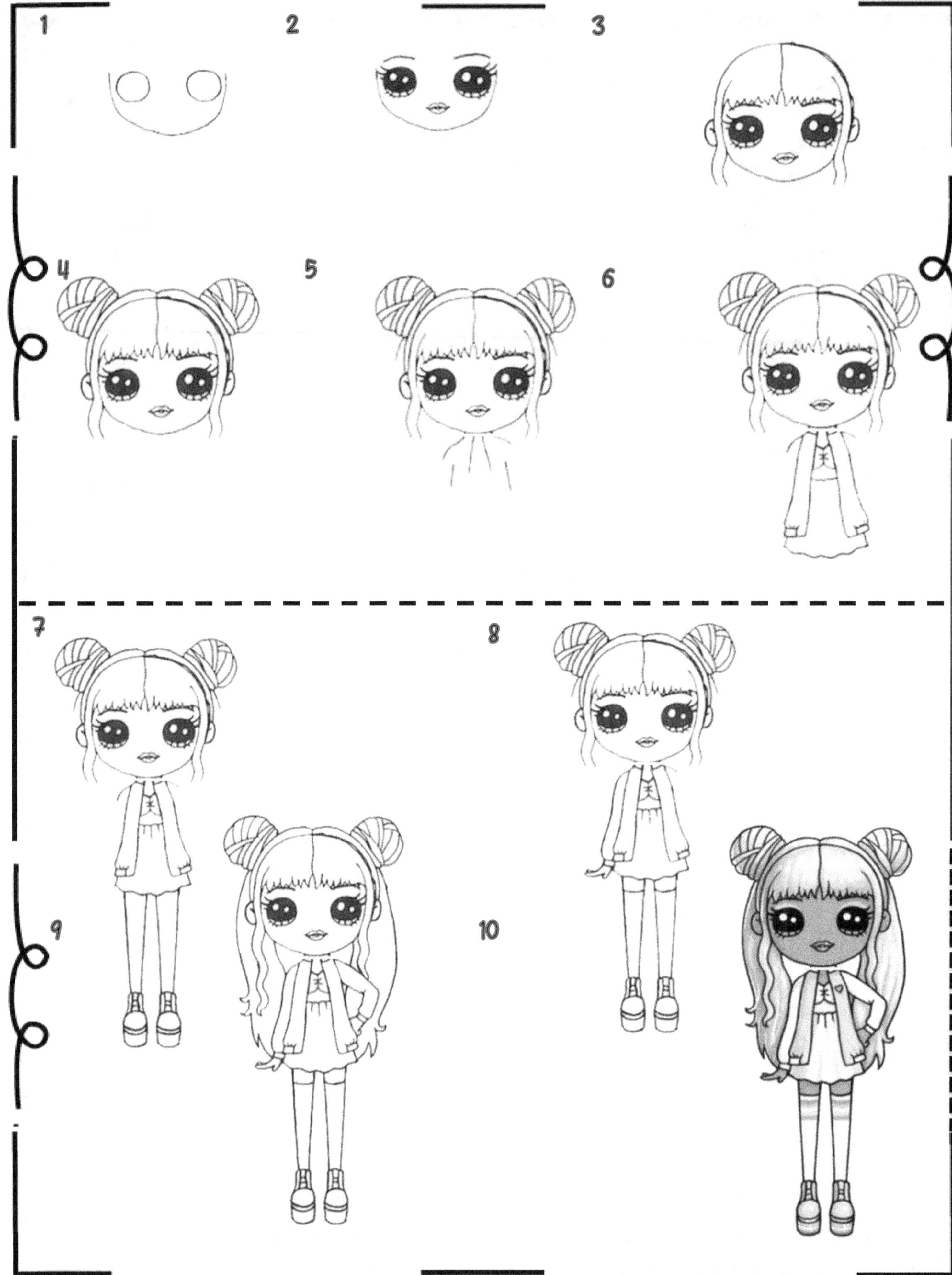

1
2
3
4
5
6
7
8
9
10

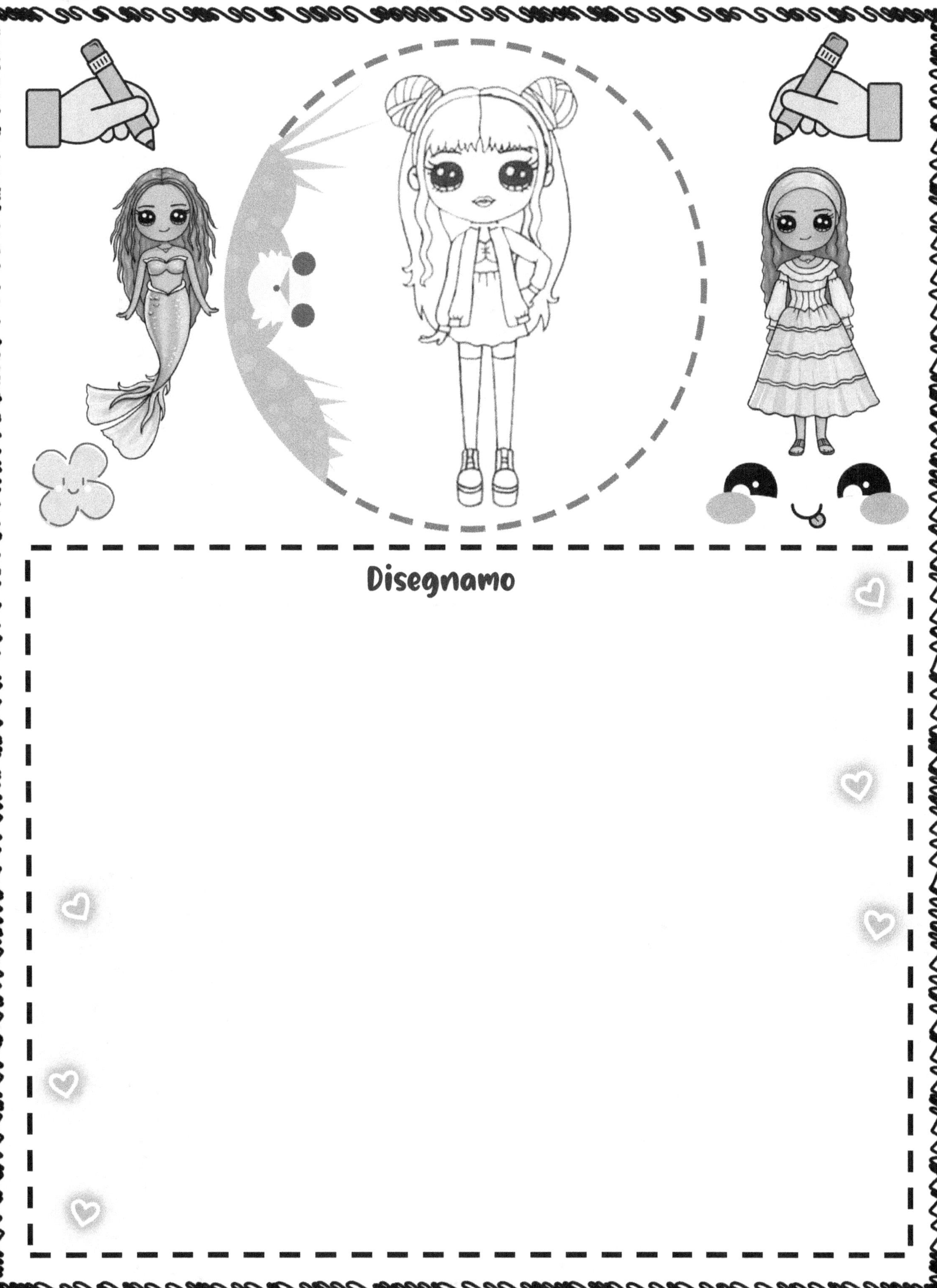

Disegnamo

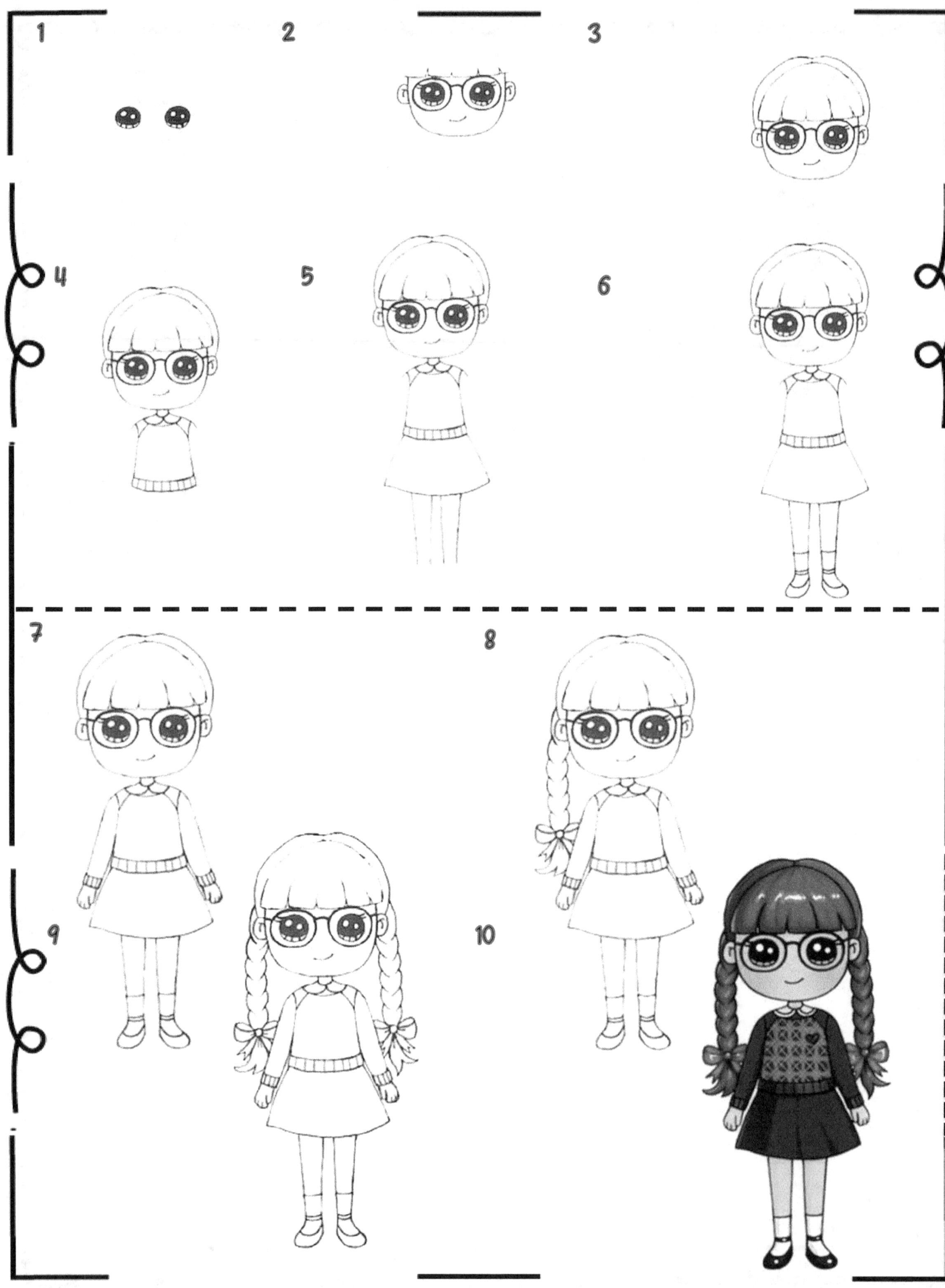
1
2
3
4
5
6
7
8
9
10

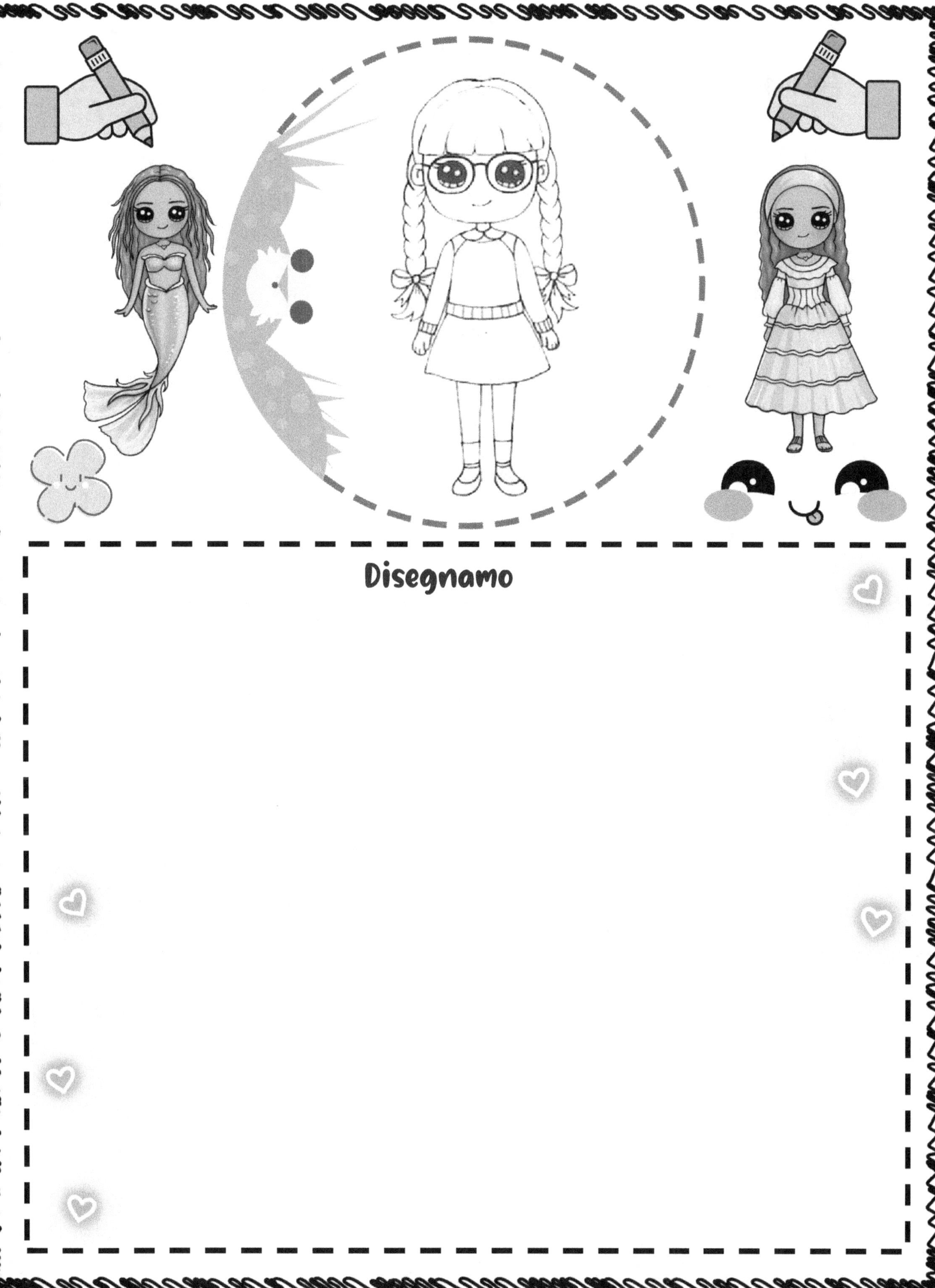

Disegnamo

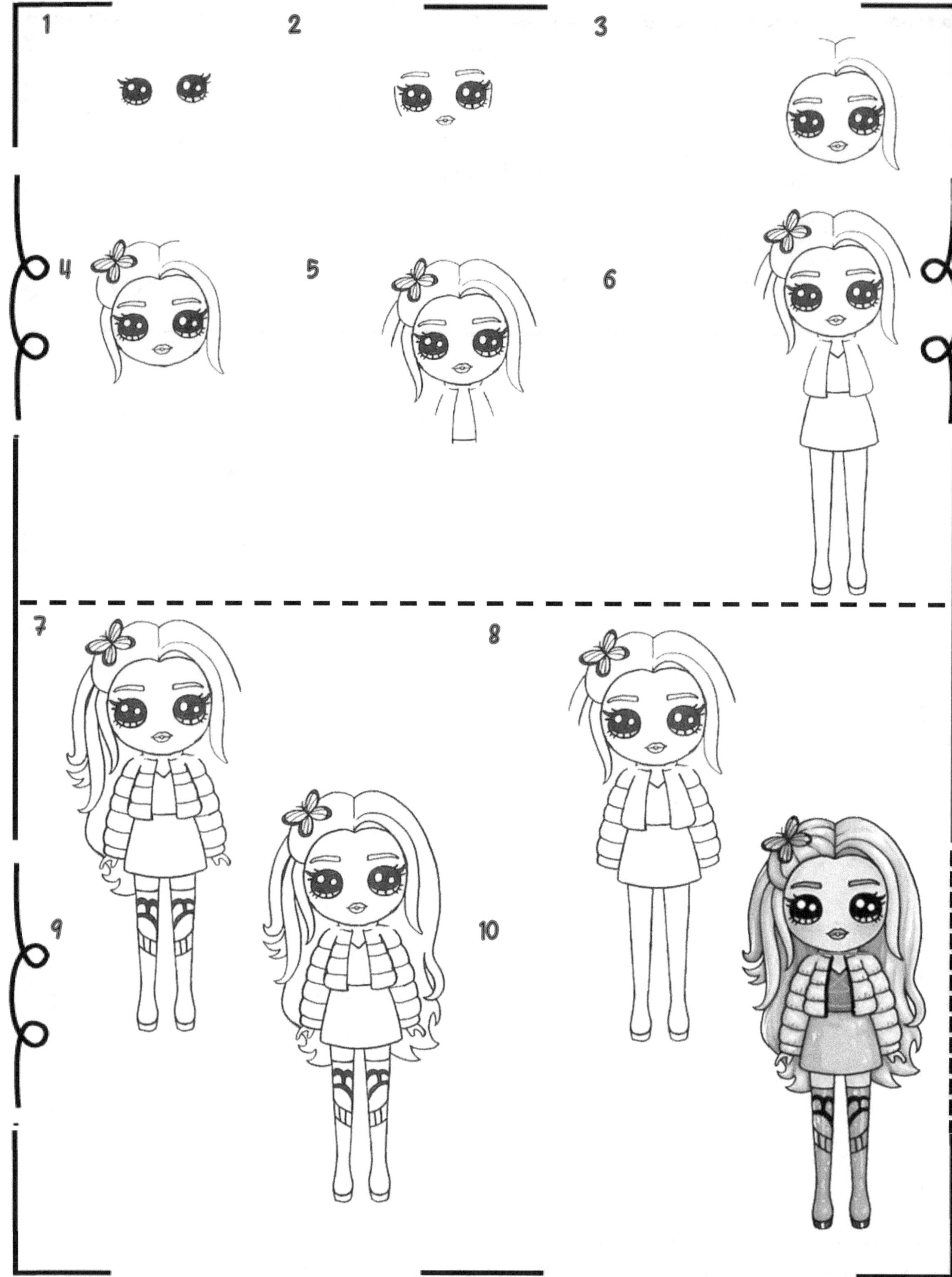

1
2
3
4
5
6
7
8
9
10

Disegnamo

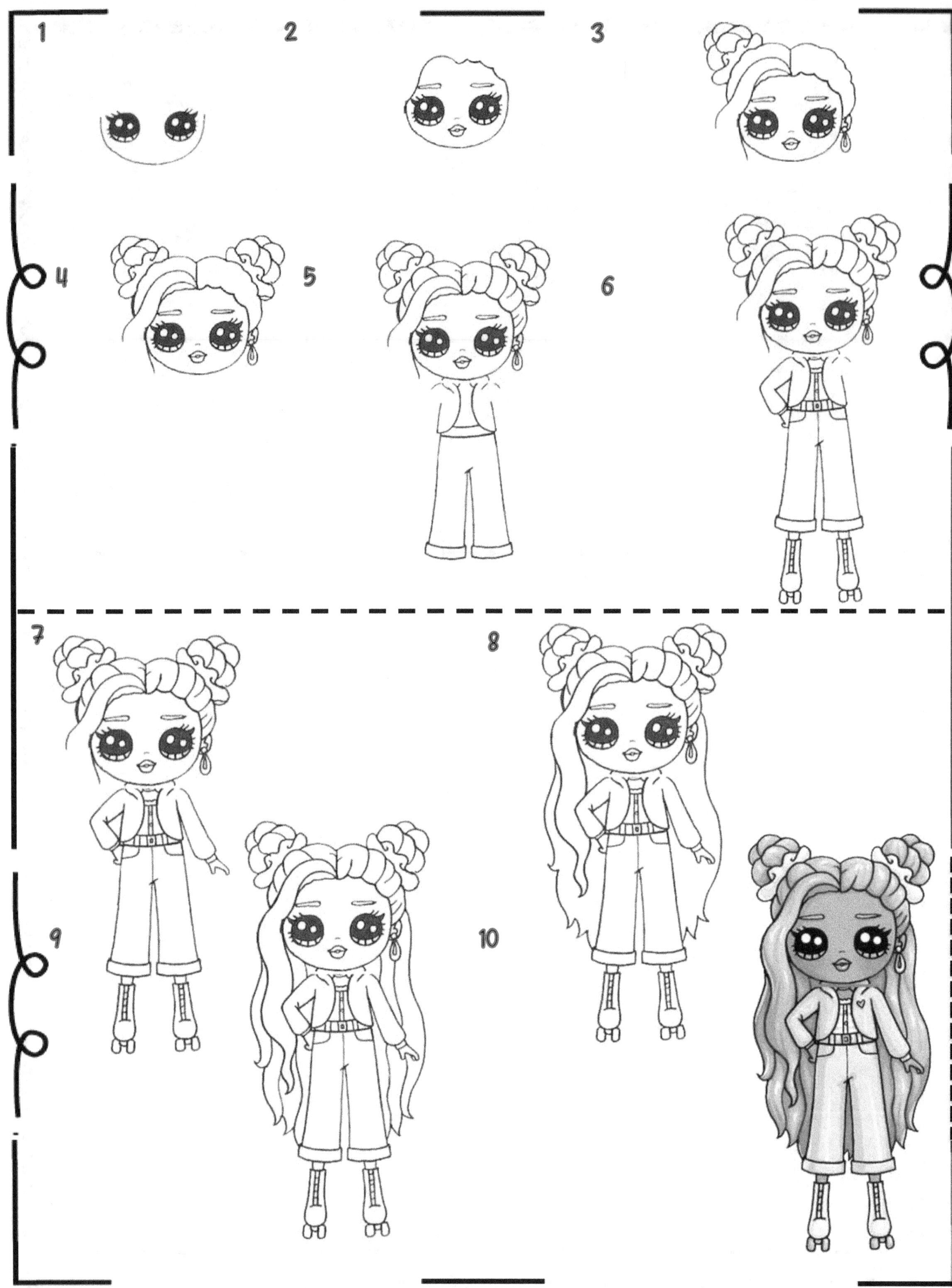

1
2
3
4
5
6
7
8
9
10

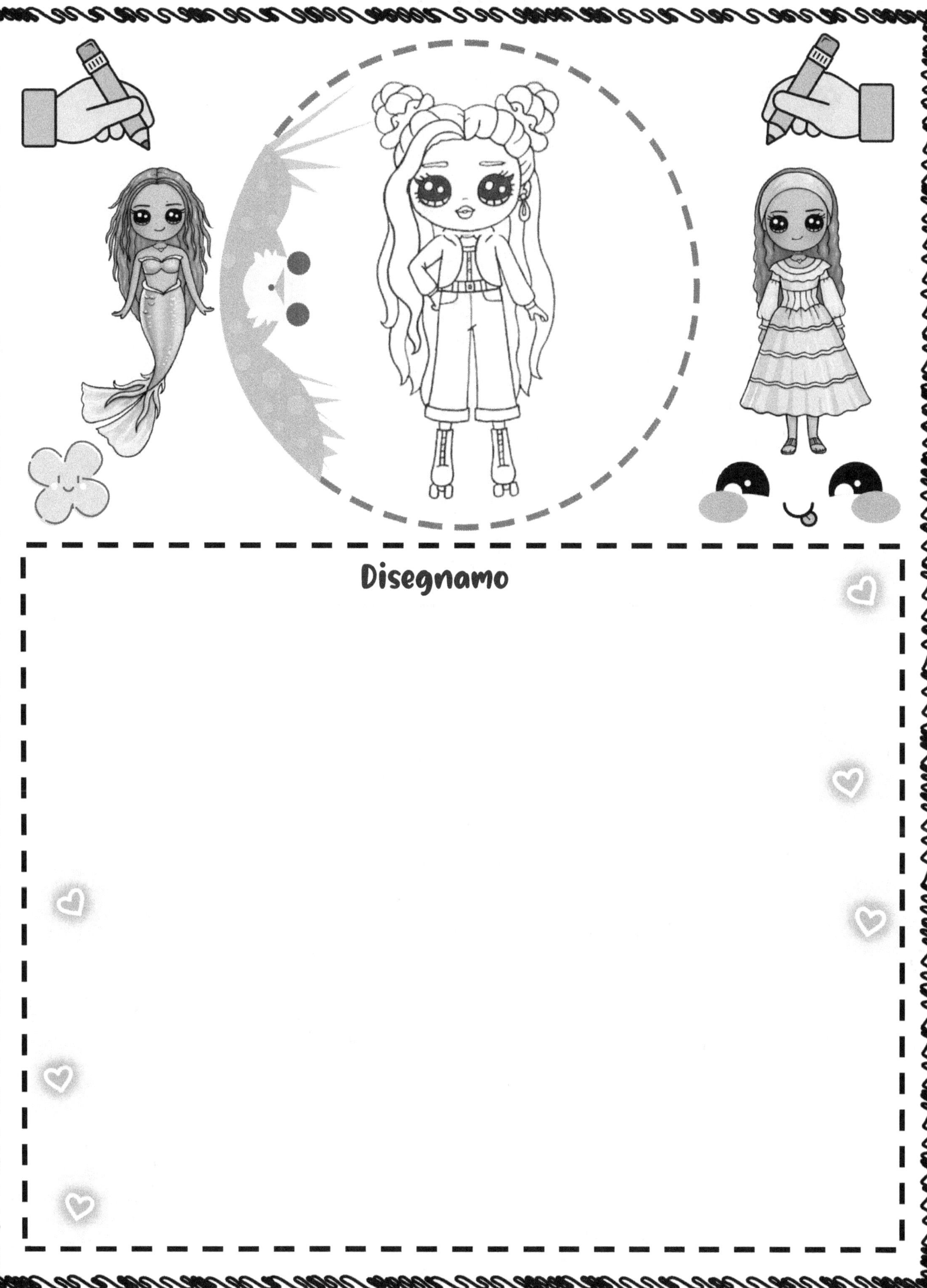

Disegnamo

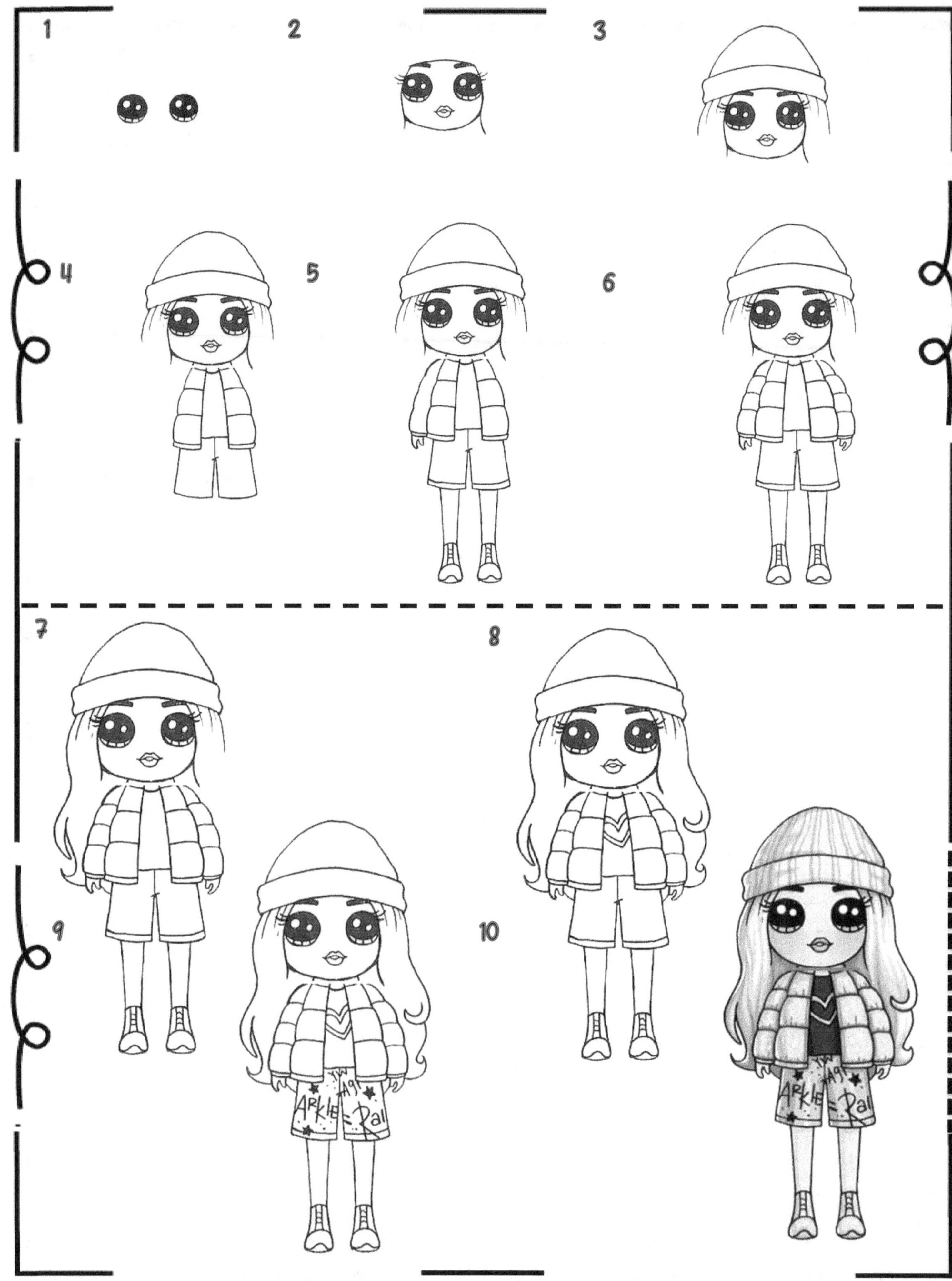
1
2
3
4
5
6
7
8
9
10

Disegnamo

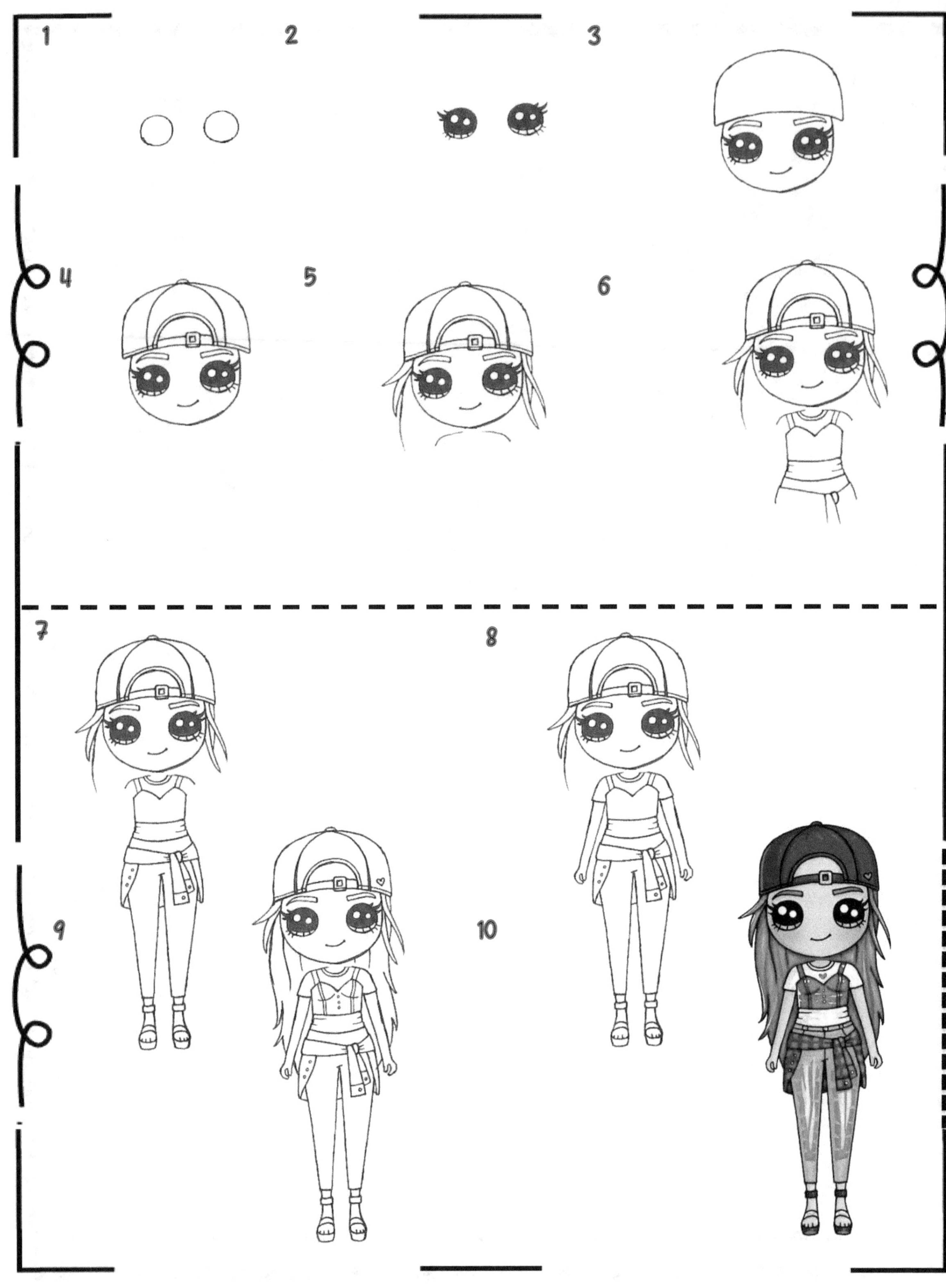

1
2
3
4
5
6
7
8
9
10

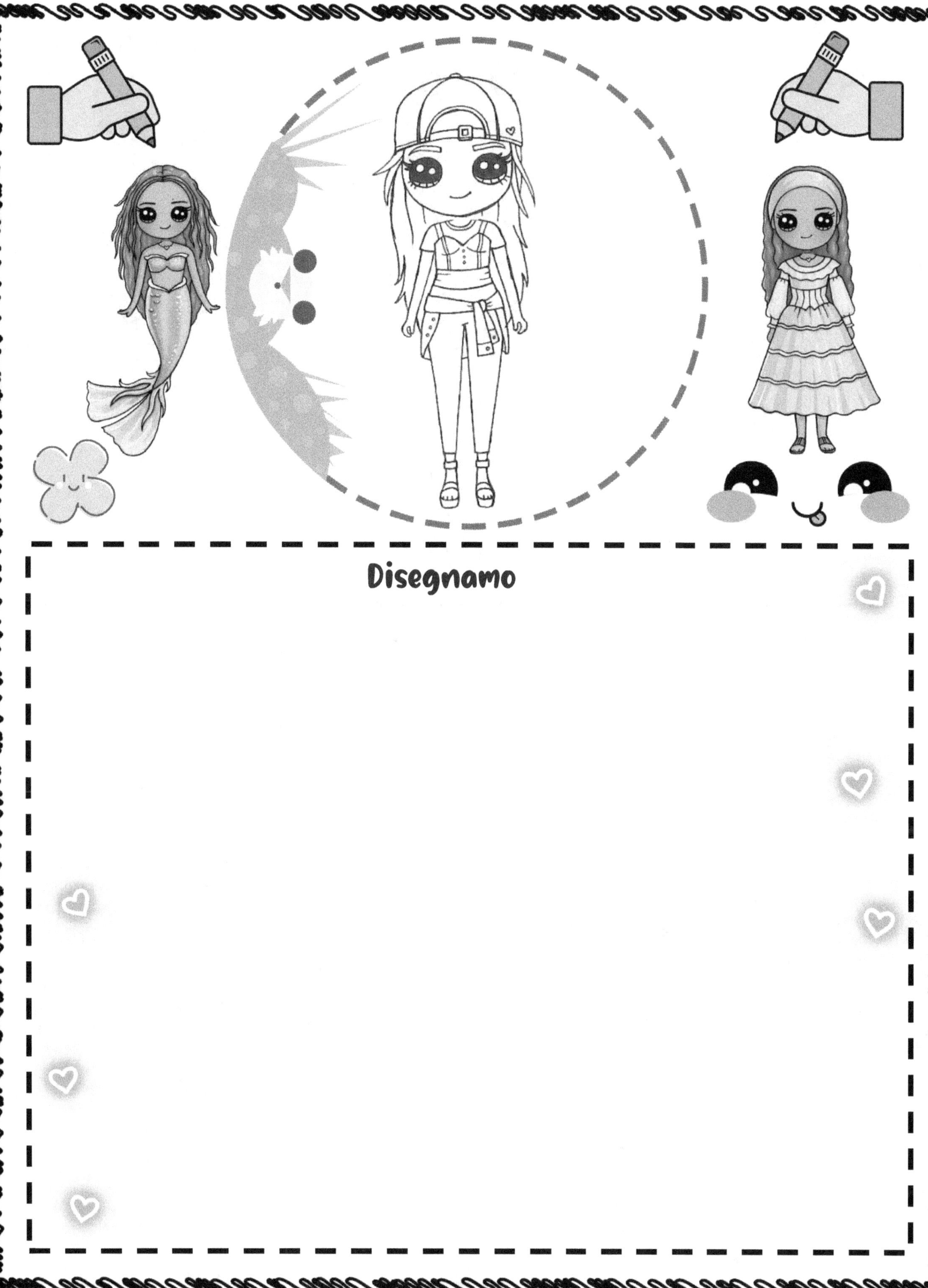

Disegnamo

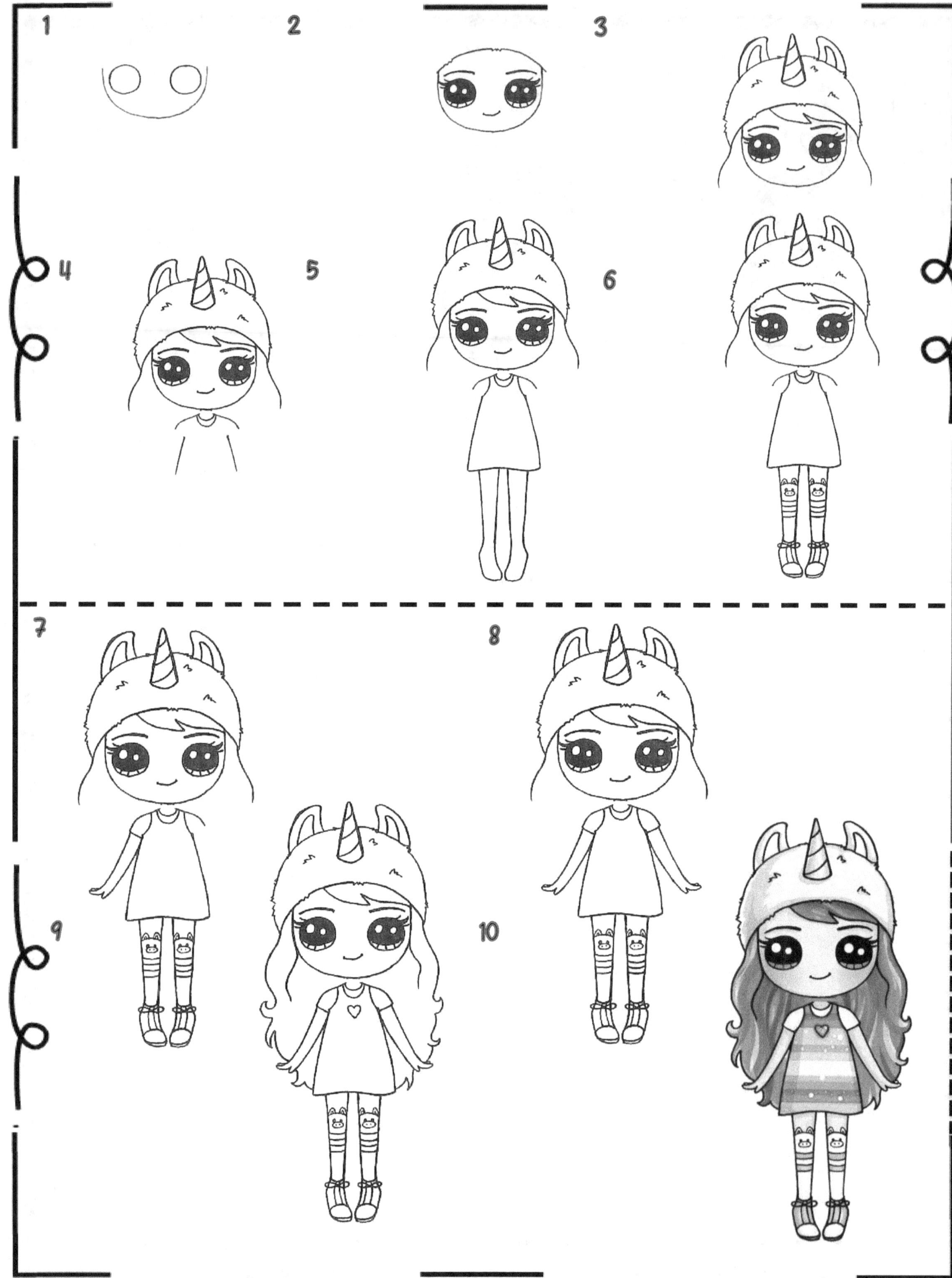

1
2
3
4
5
6
7
8
9
10

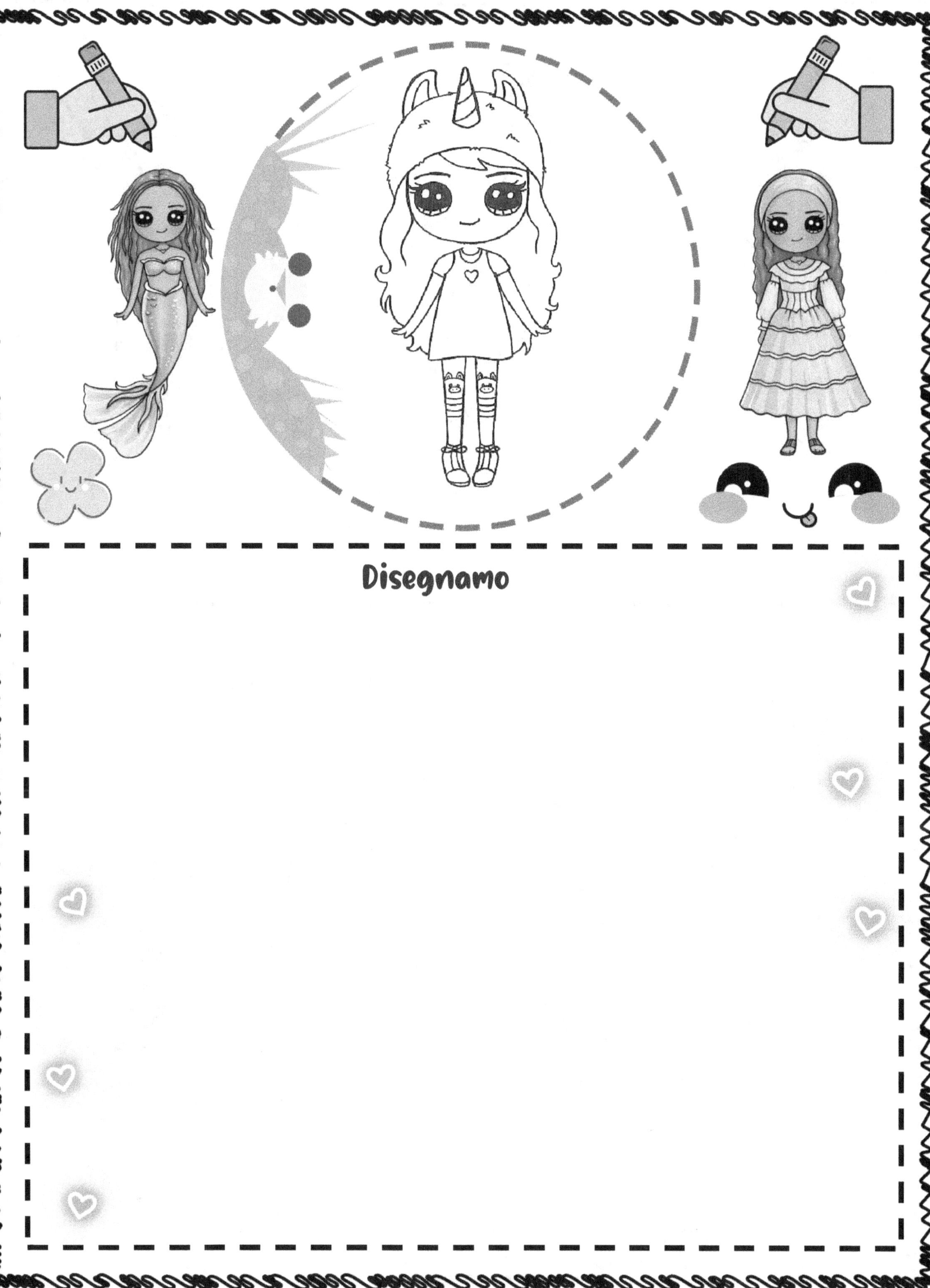

Disegnamo

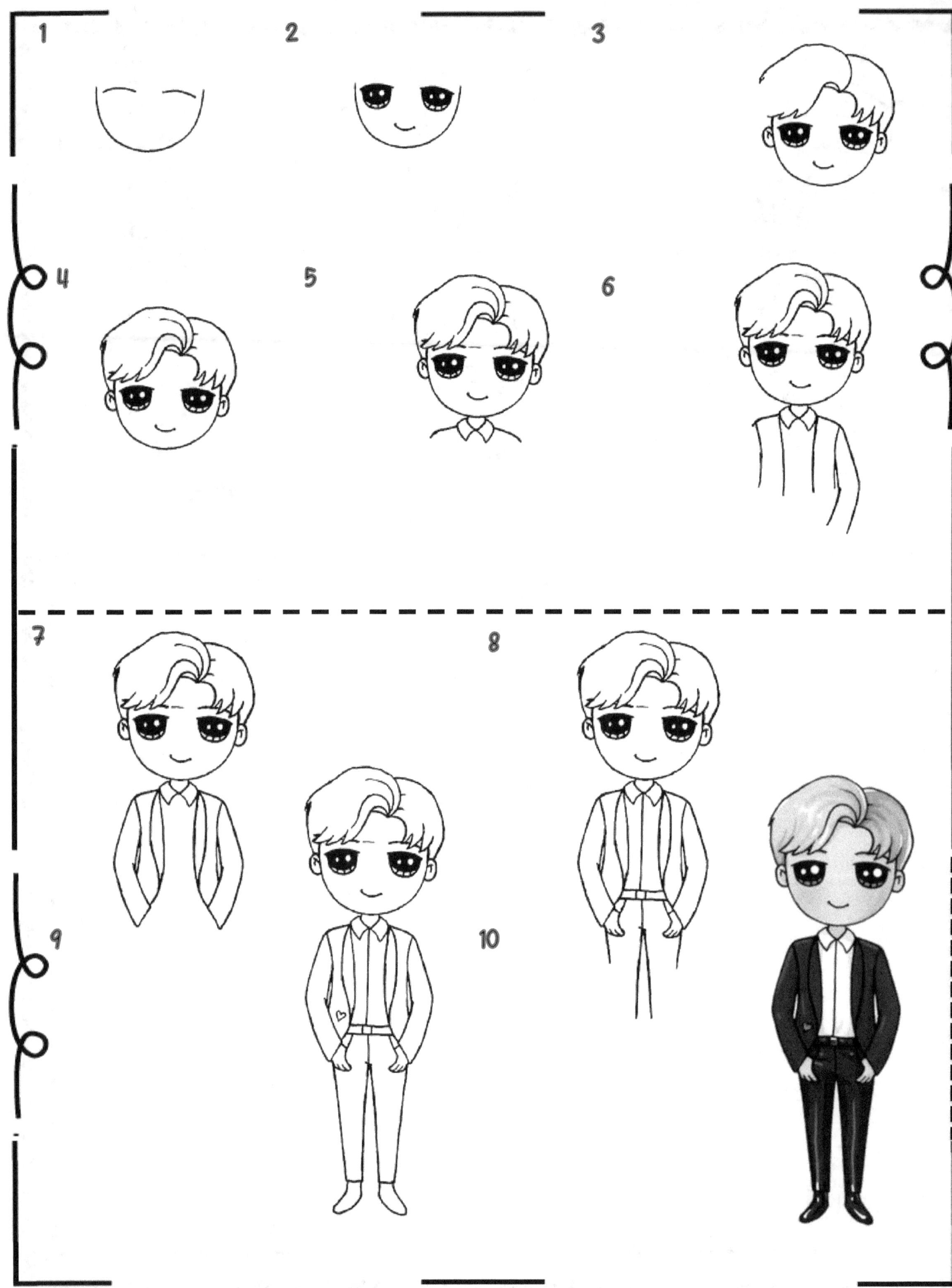

1
2
3
4
5
6
7
8
9
10

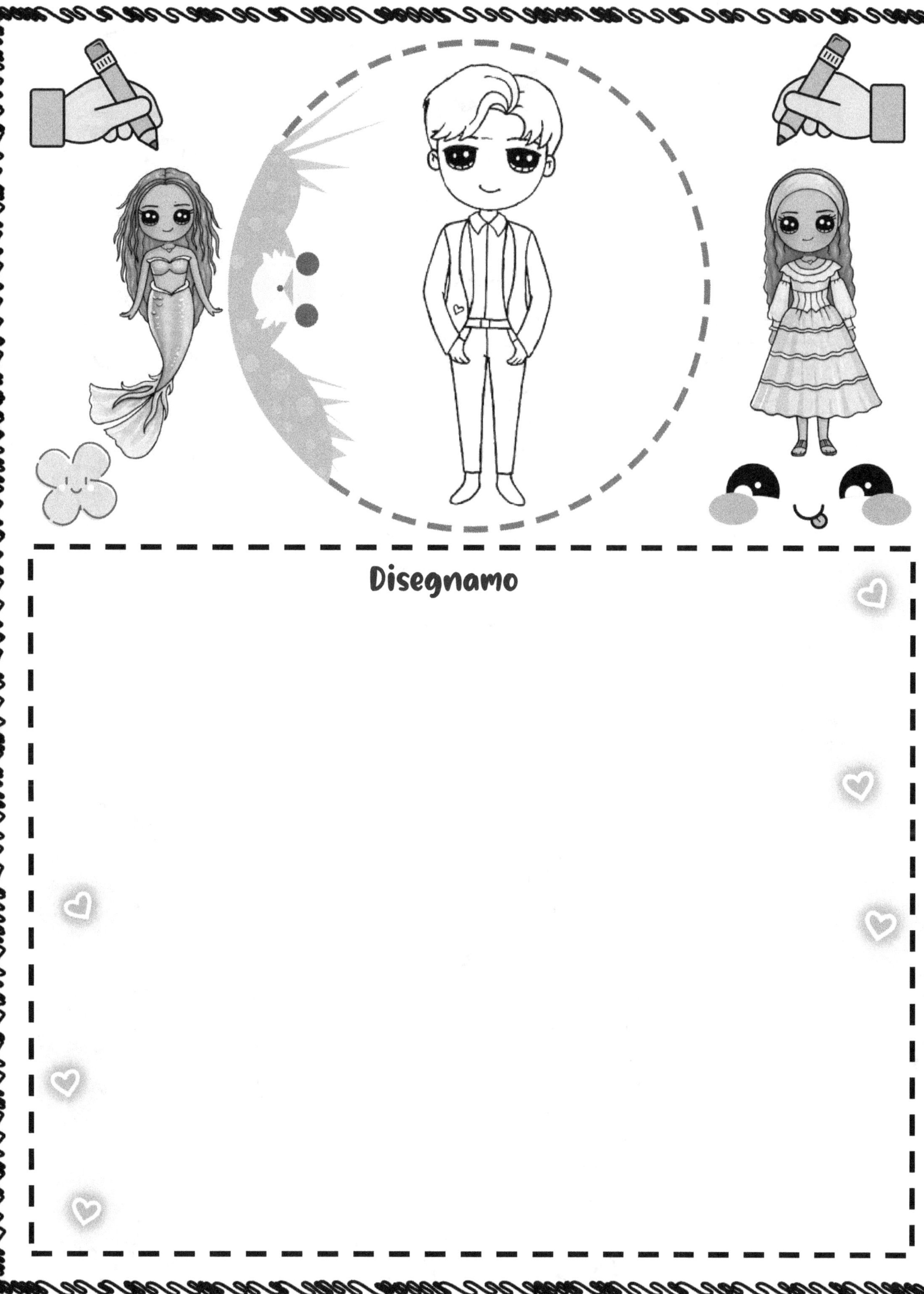

Disegnamo

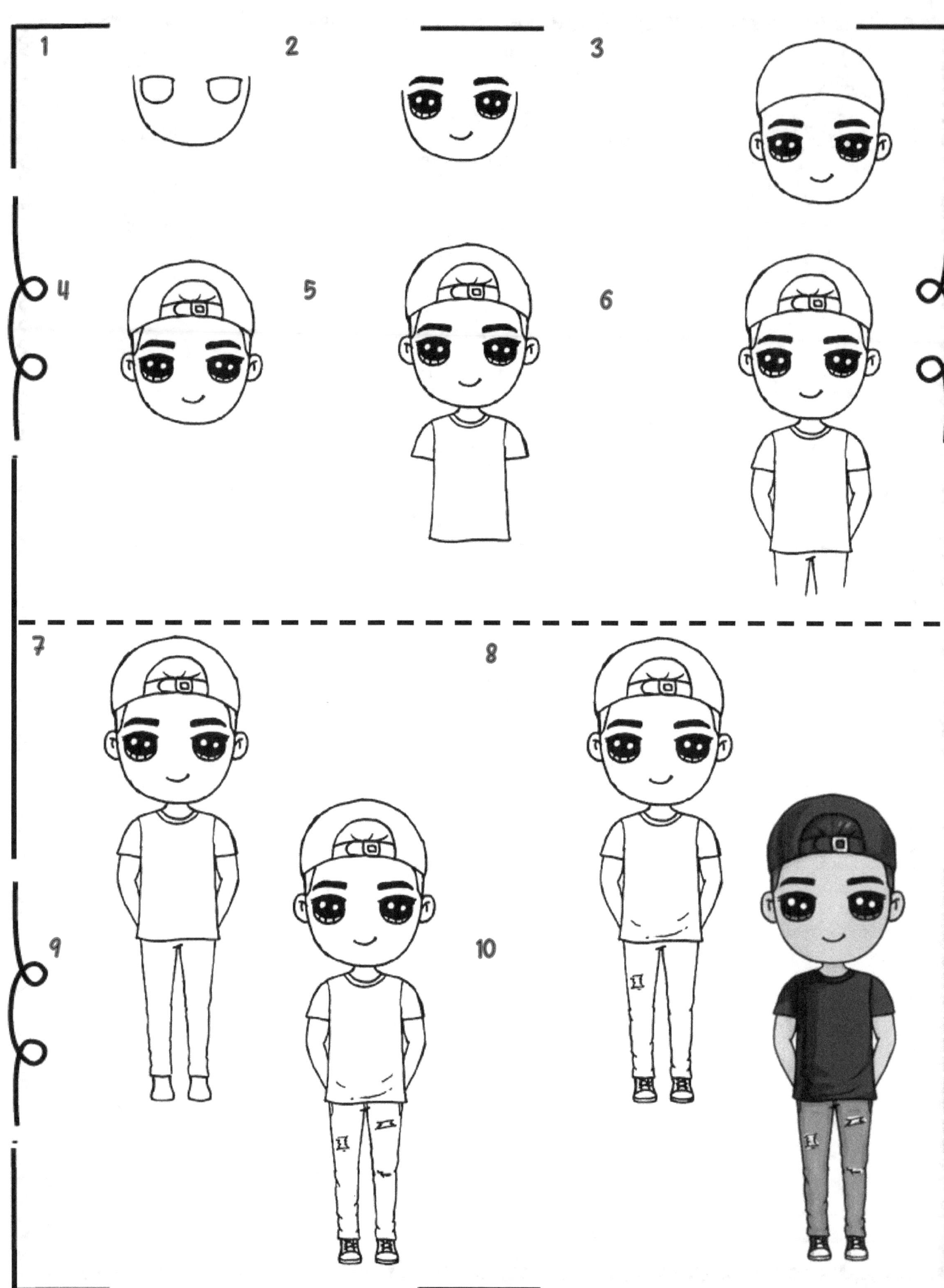

1
2
3
4
5
6
7
8
9
10

Disegnamo

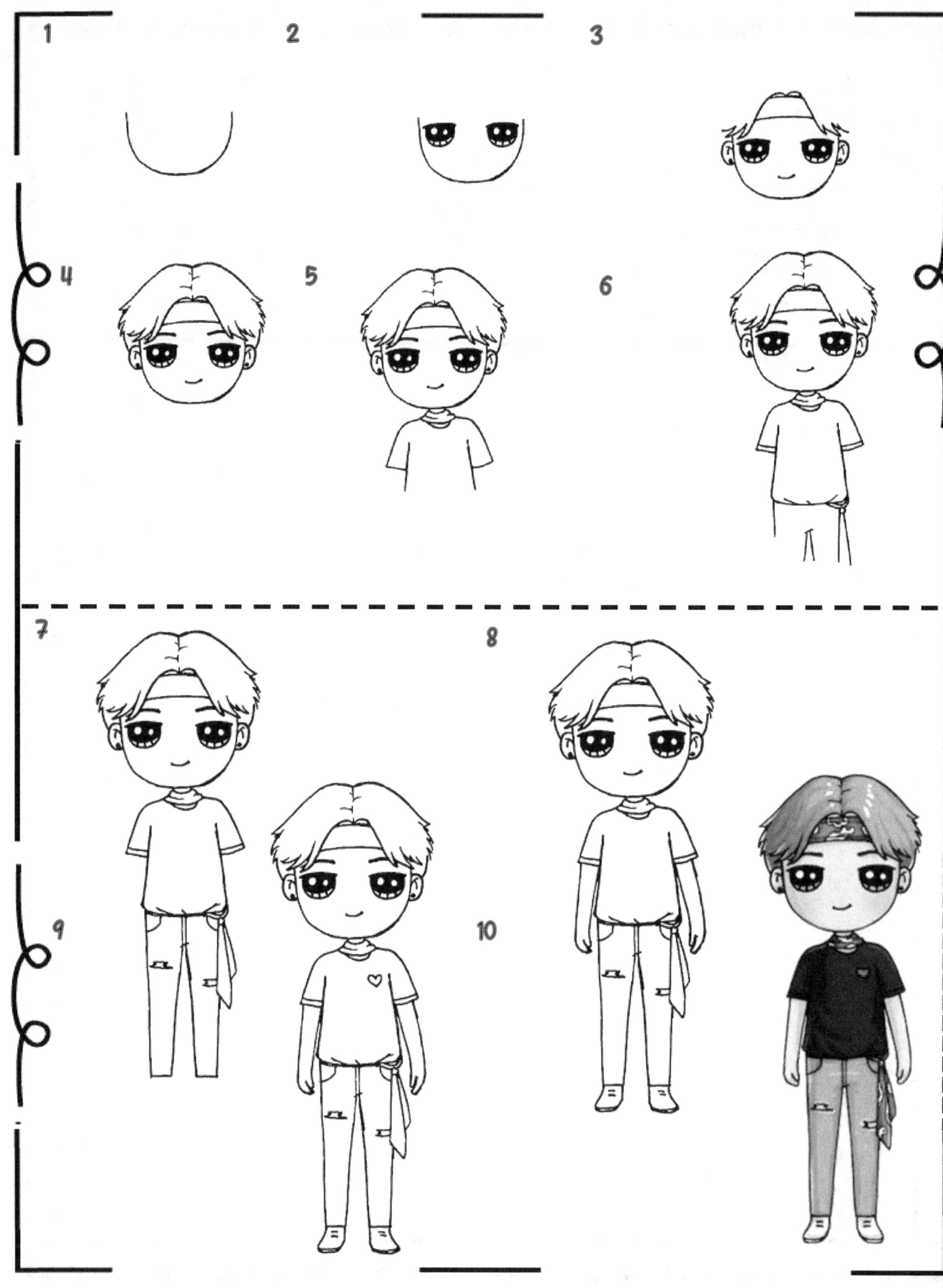

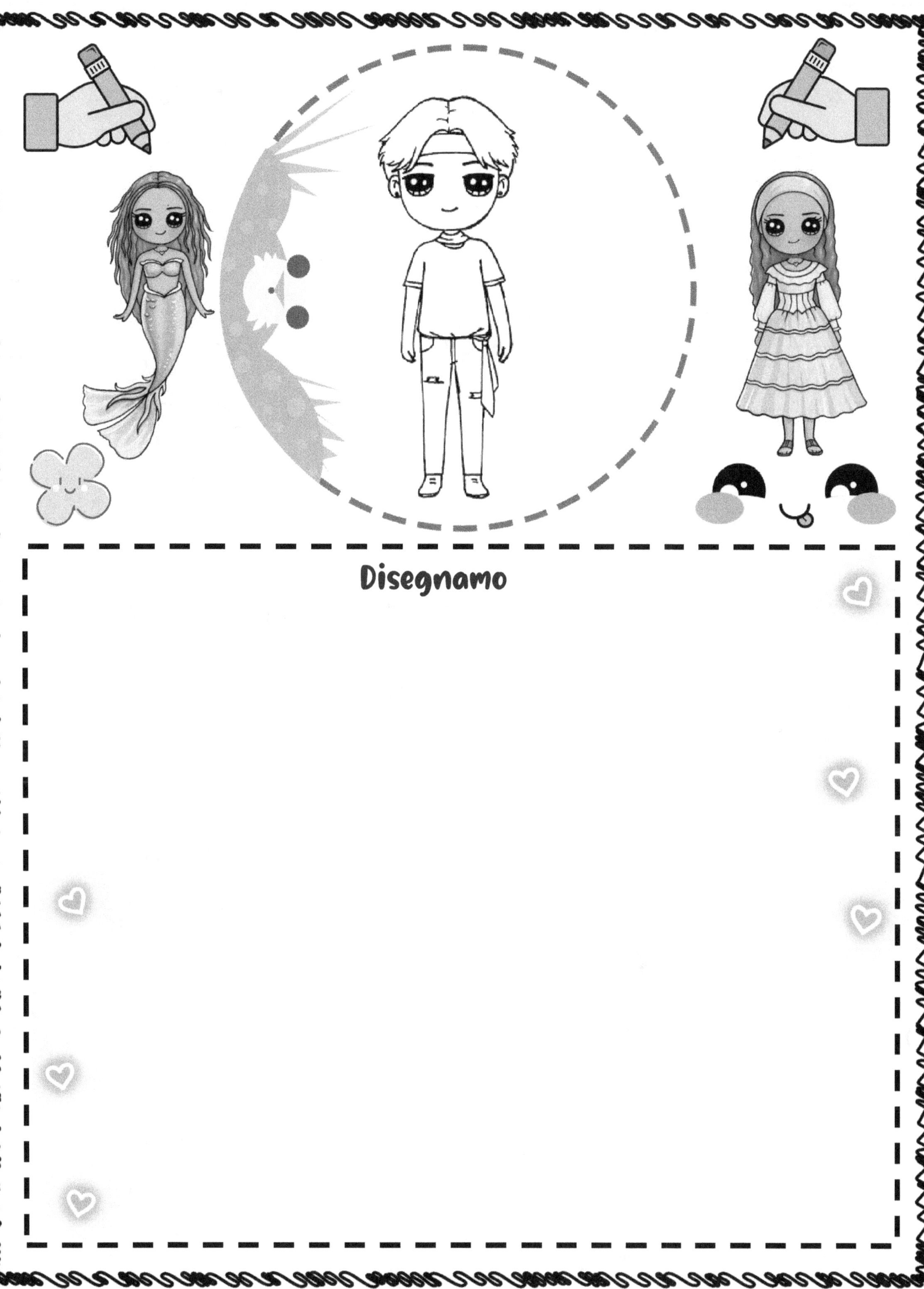

Disegnamo

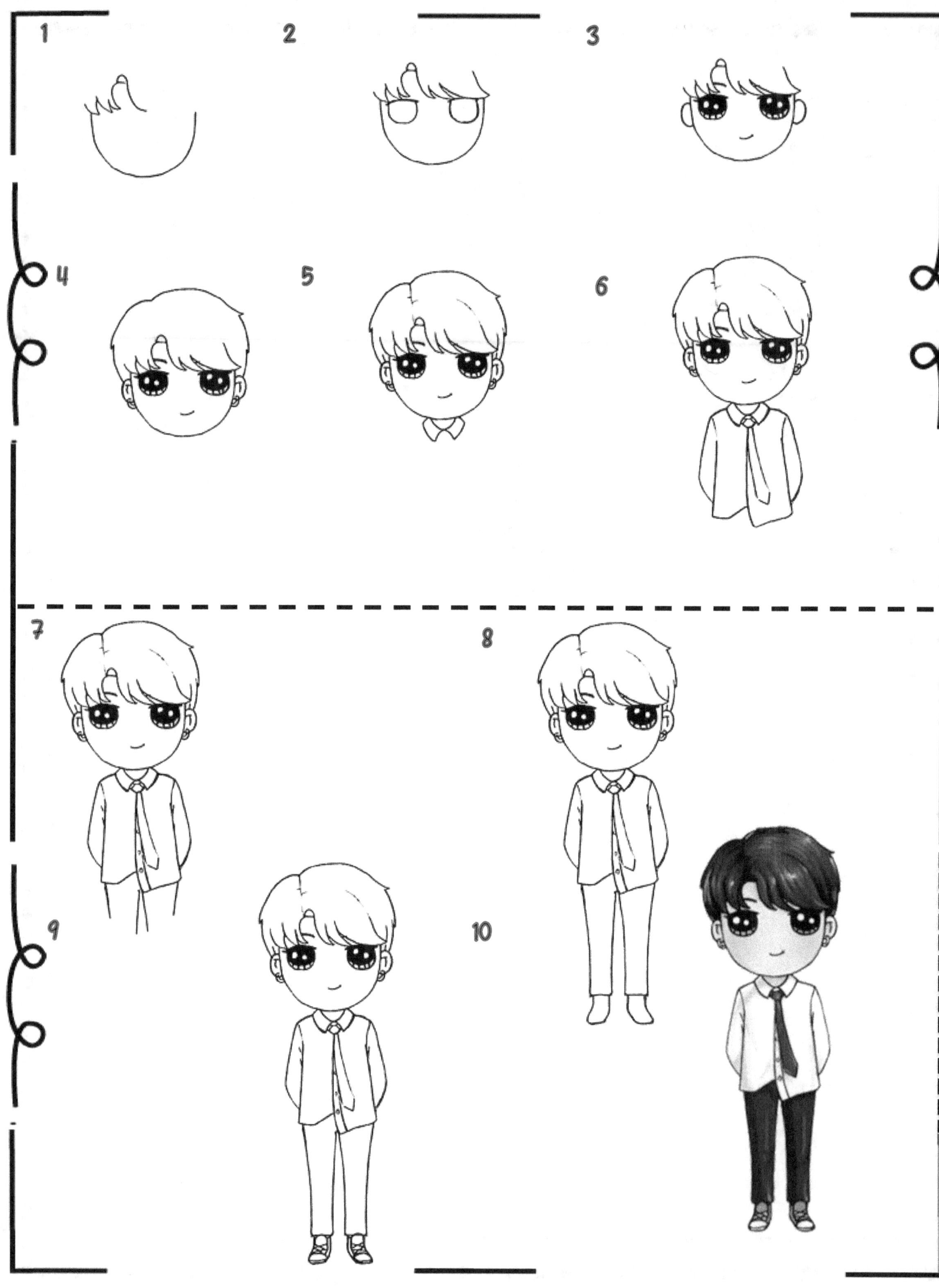
1
2
3
4
5
6
7
8
9
10

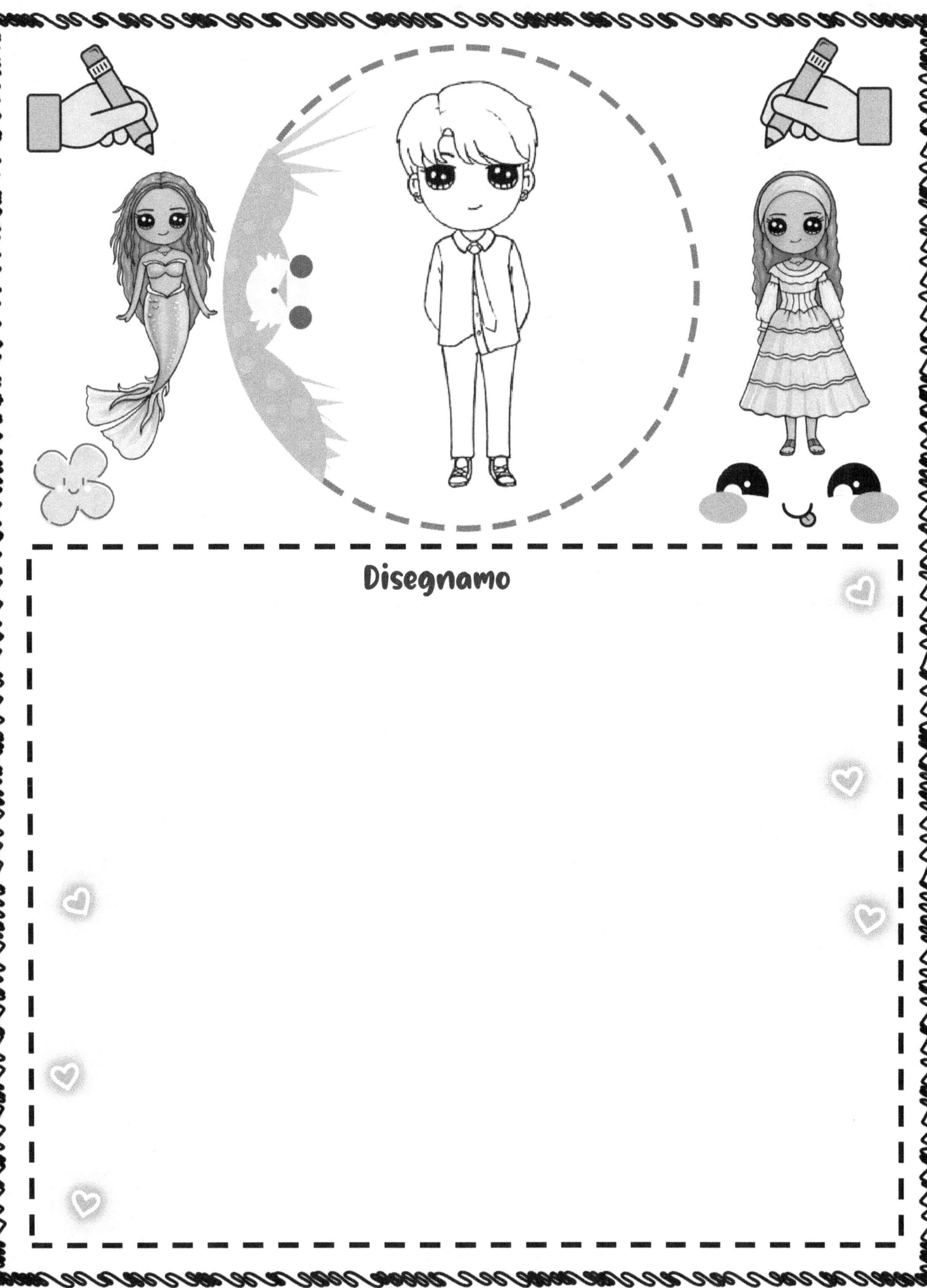

Disegnamo

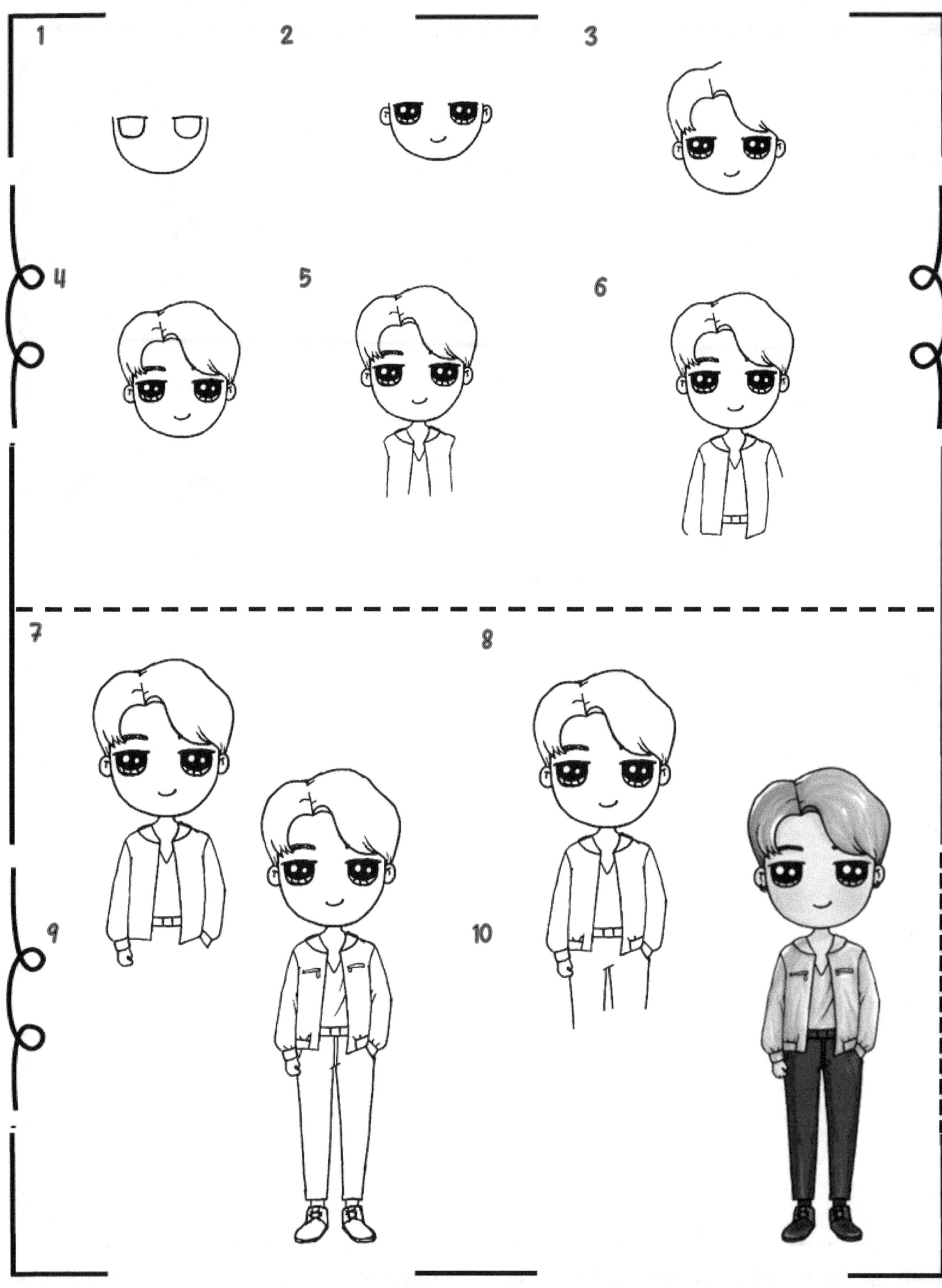

1
2
3
4
5
6
7
8
9
10

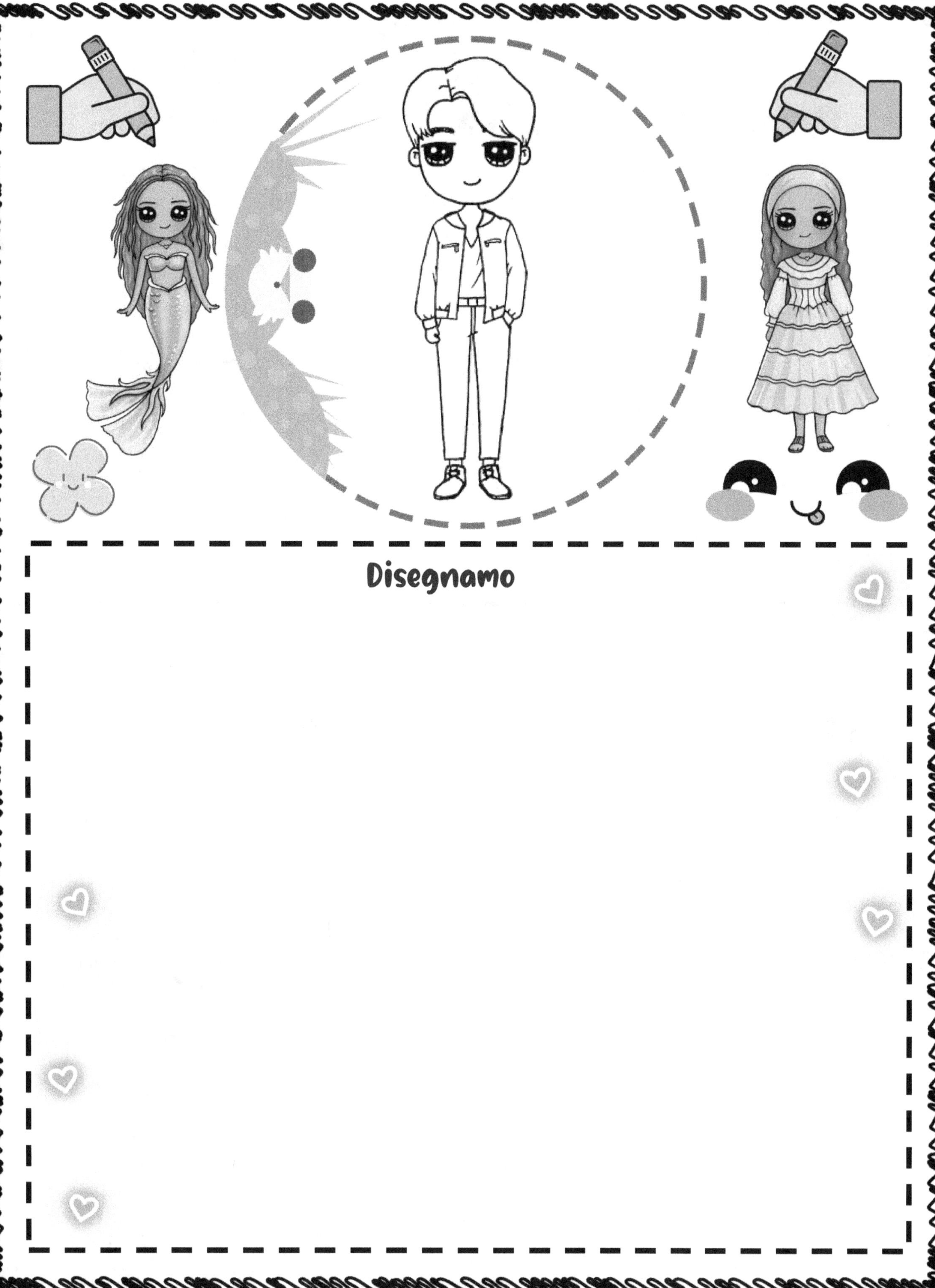

Disegnamo

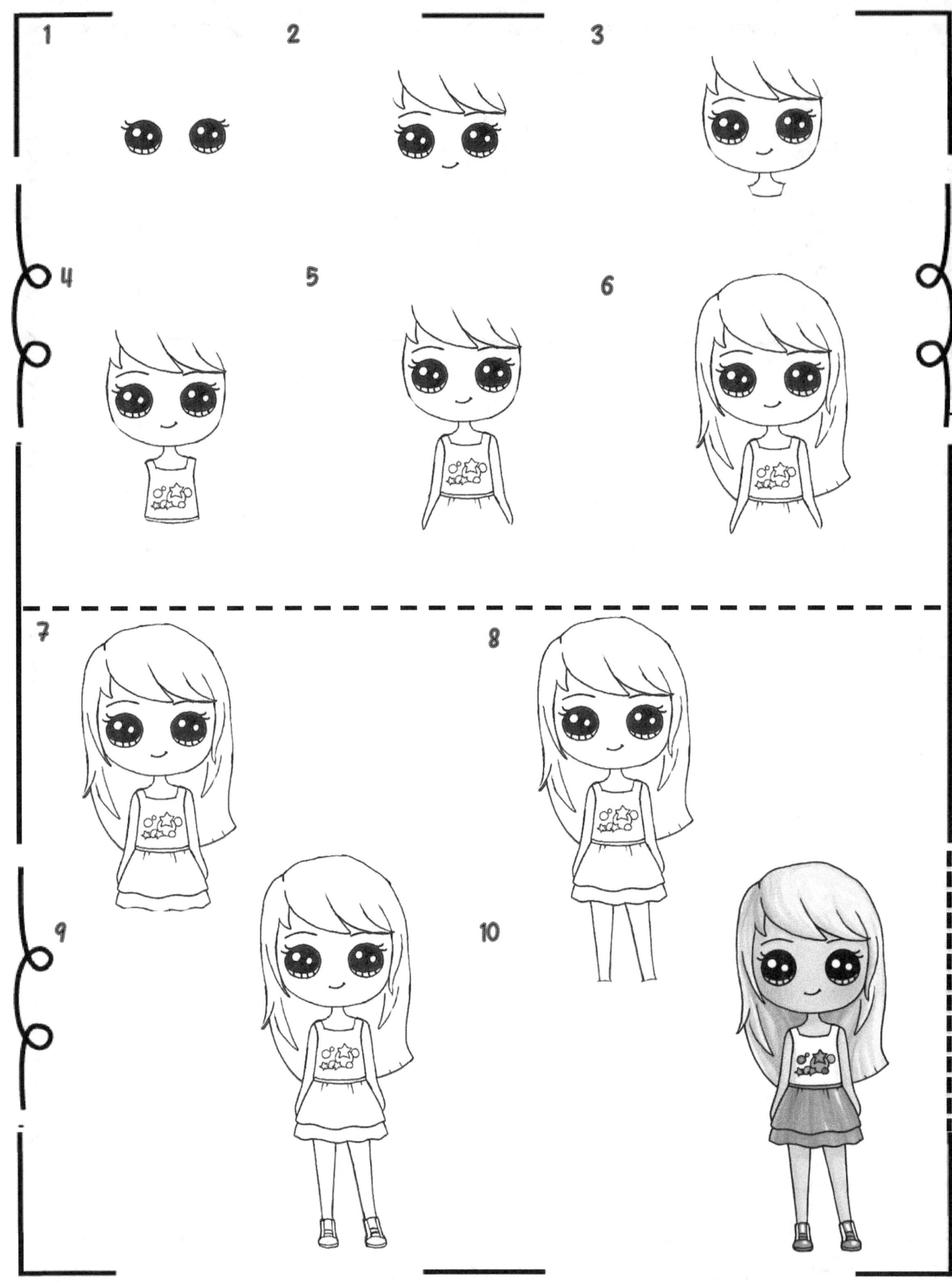

1
2
3
4
5
6
7
8
9
10

Disegnamo

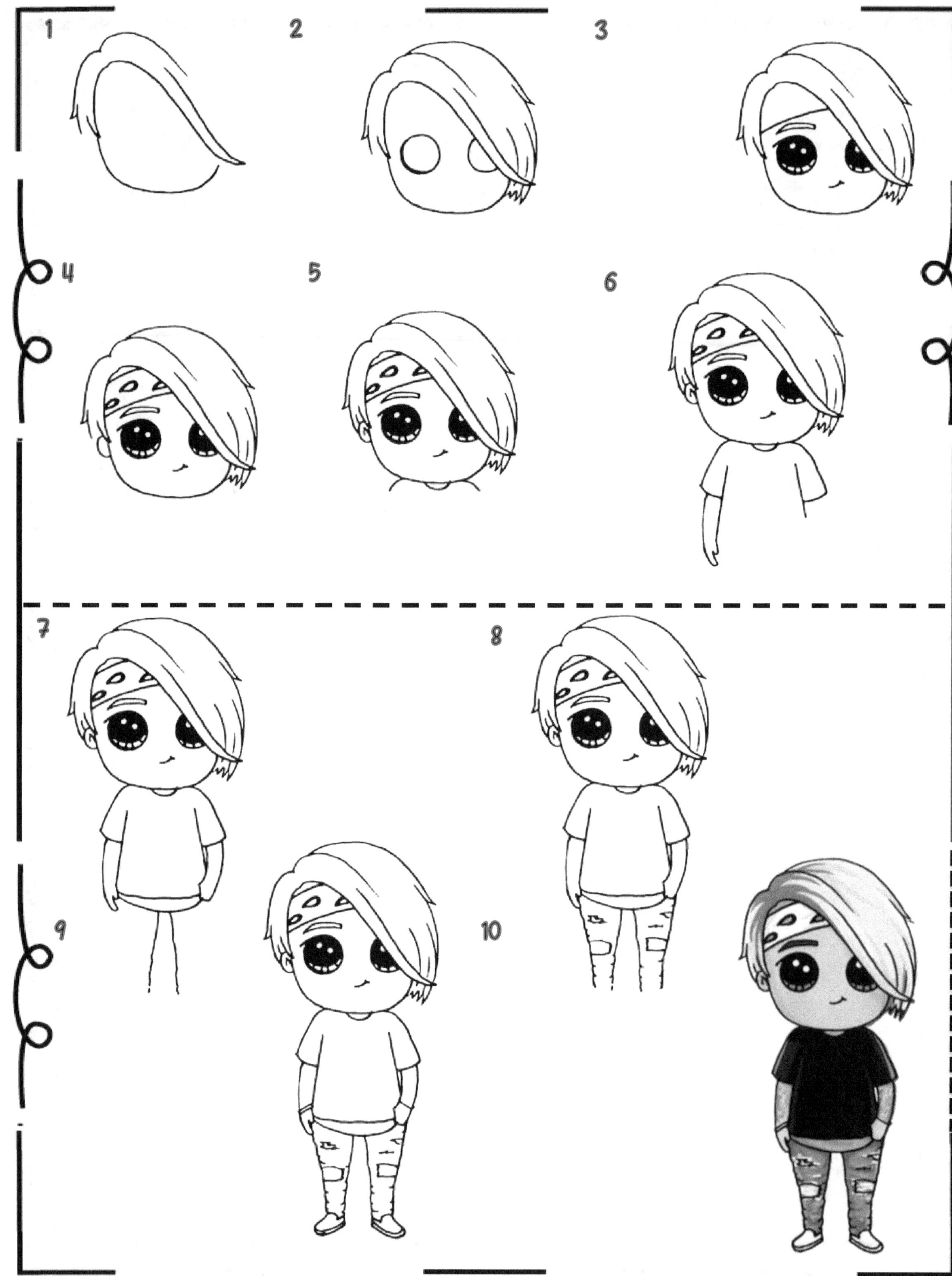

1

2

3

4

5

6

7

8

9

10

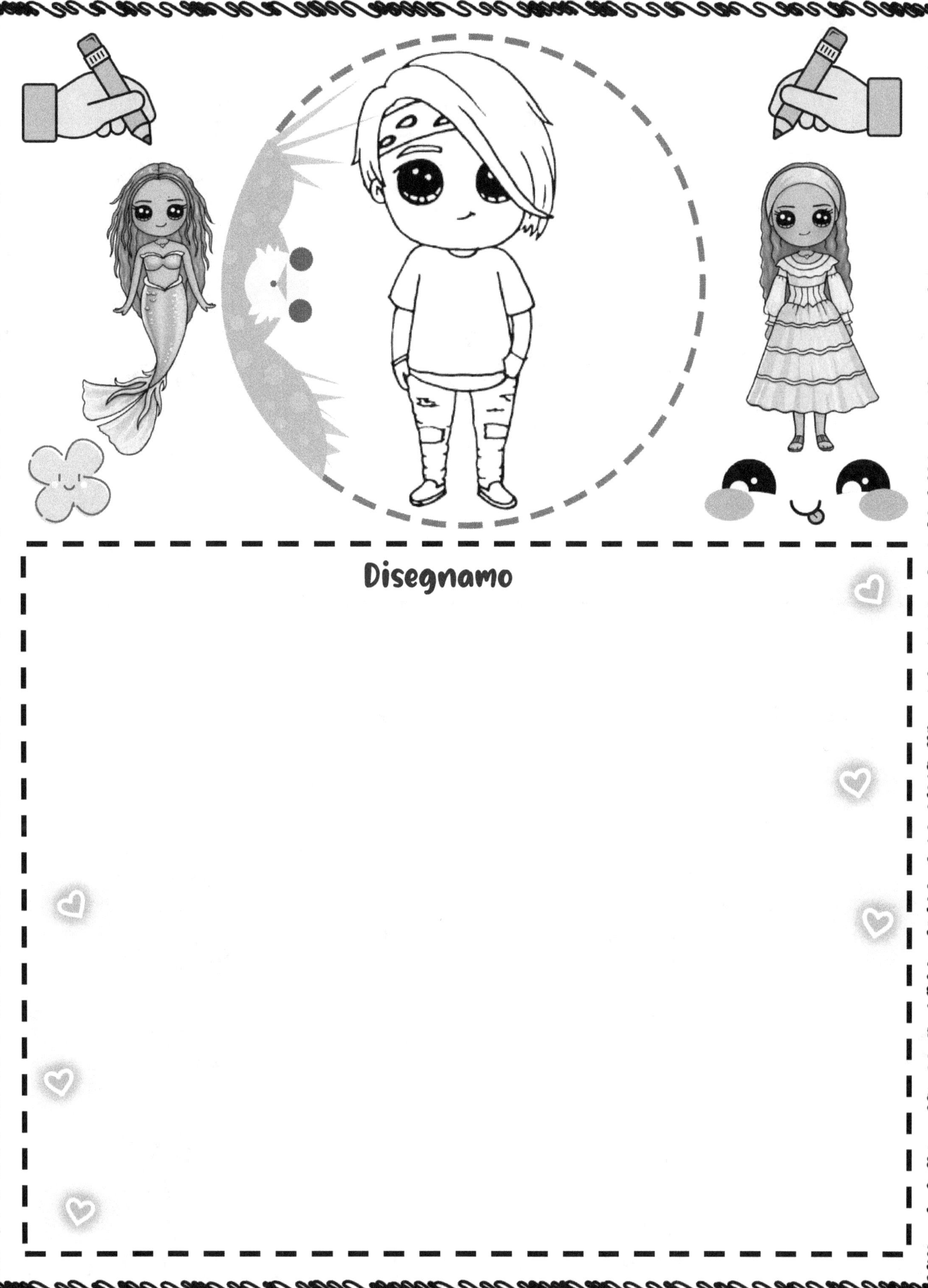

Disegnamo

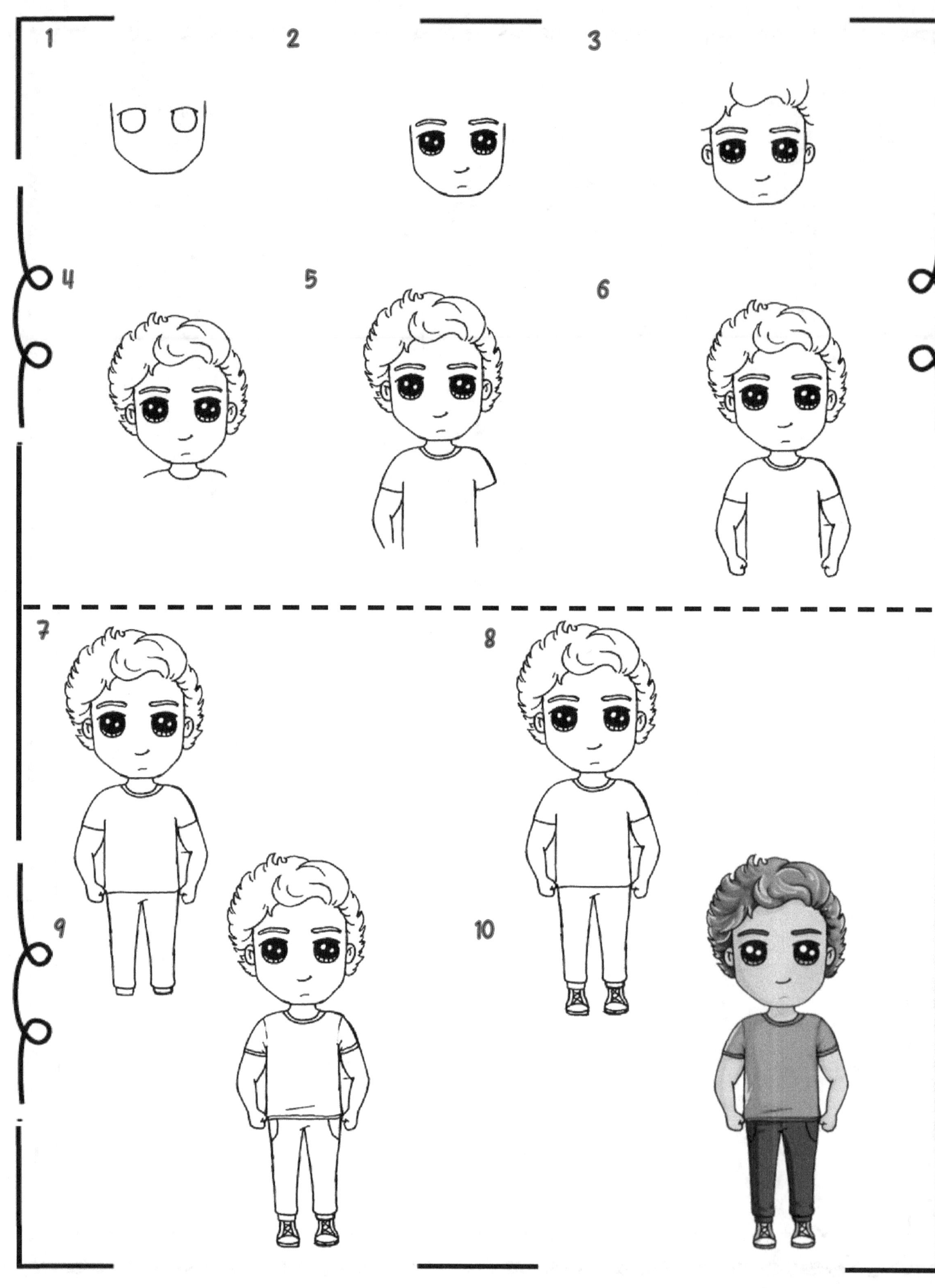

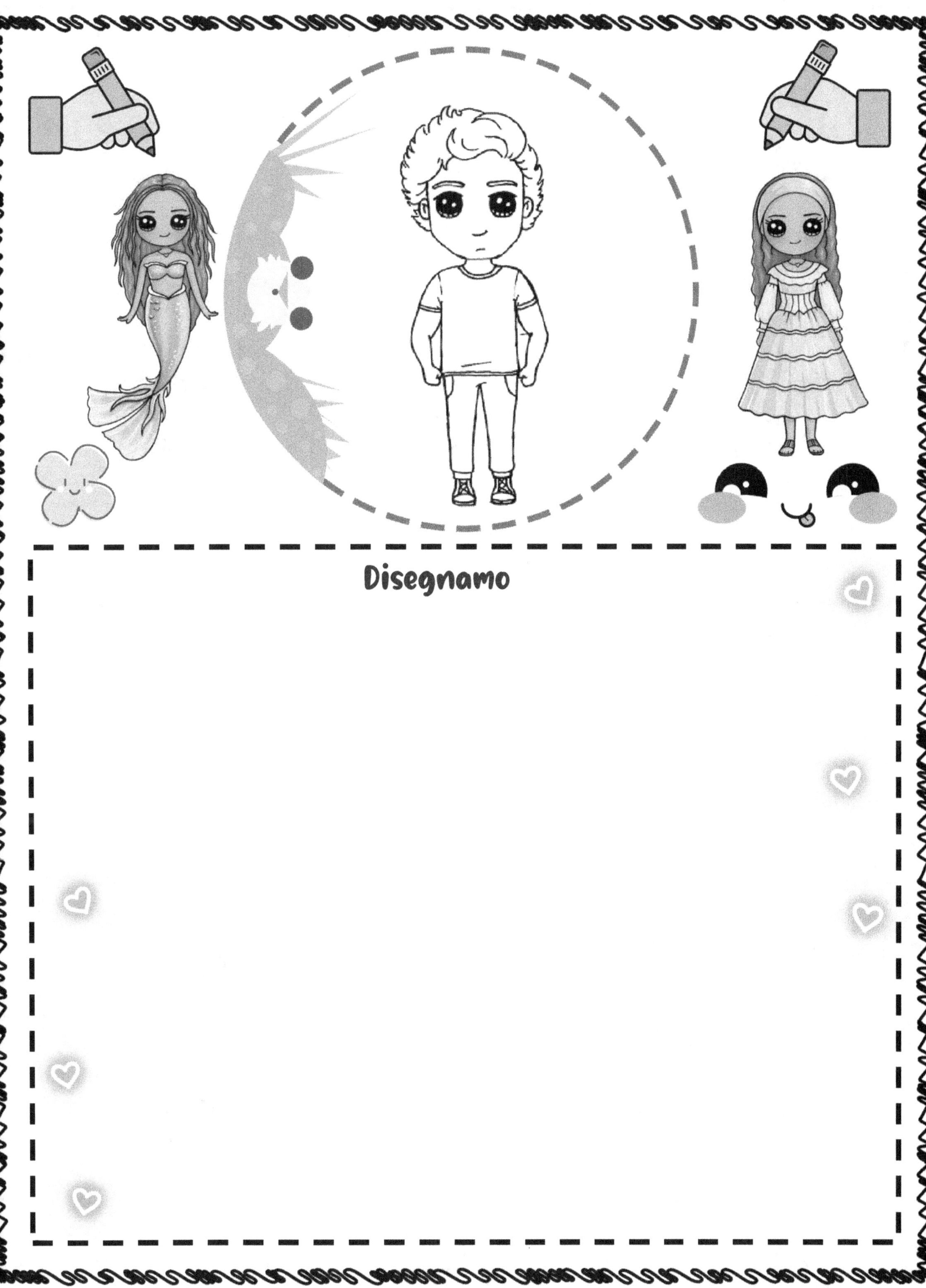

Disegnamo

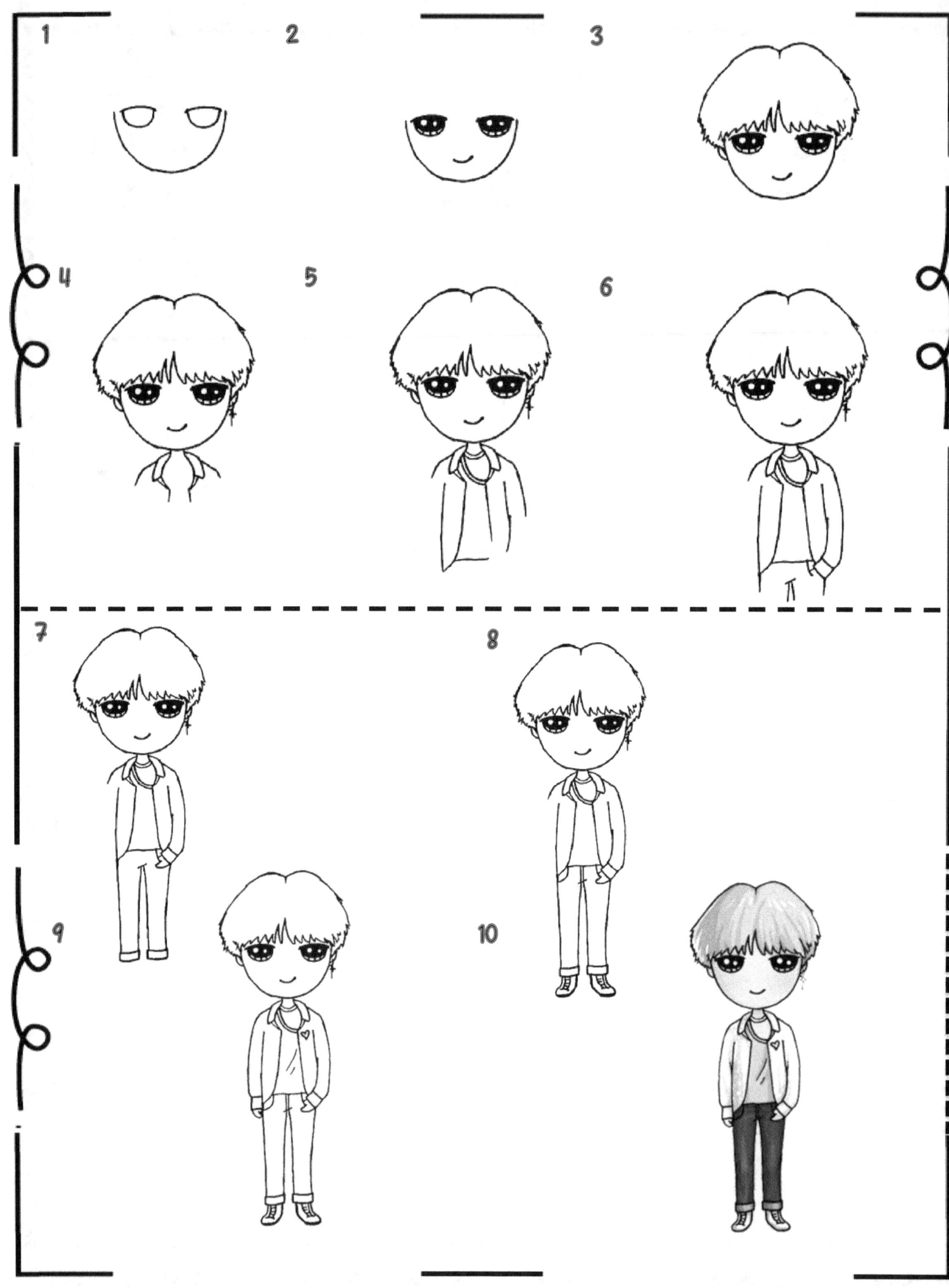

1
2
3
4
5
6
7
8
9
10

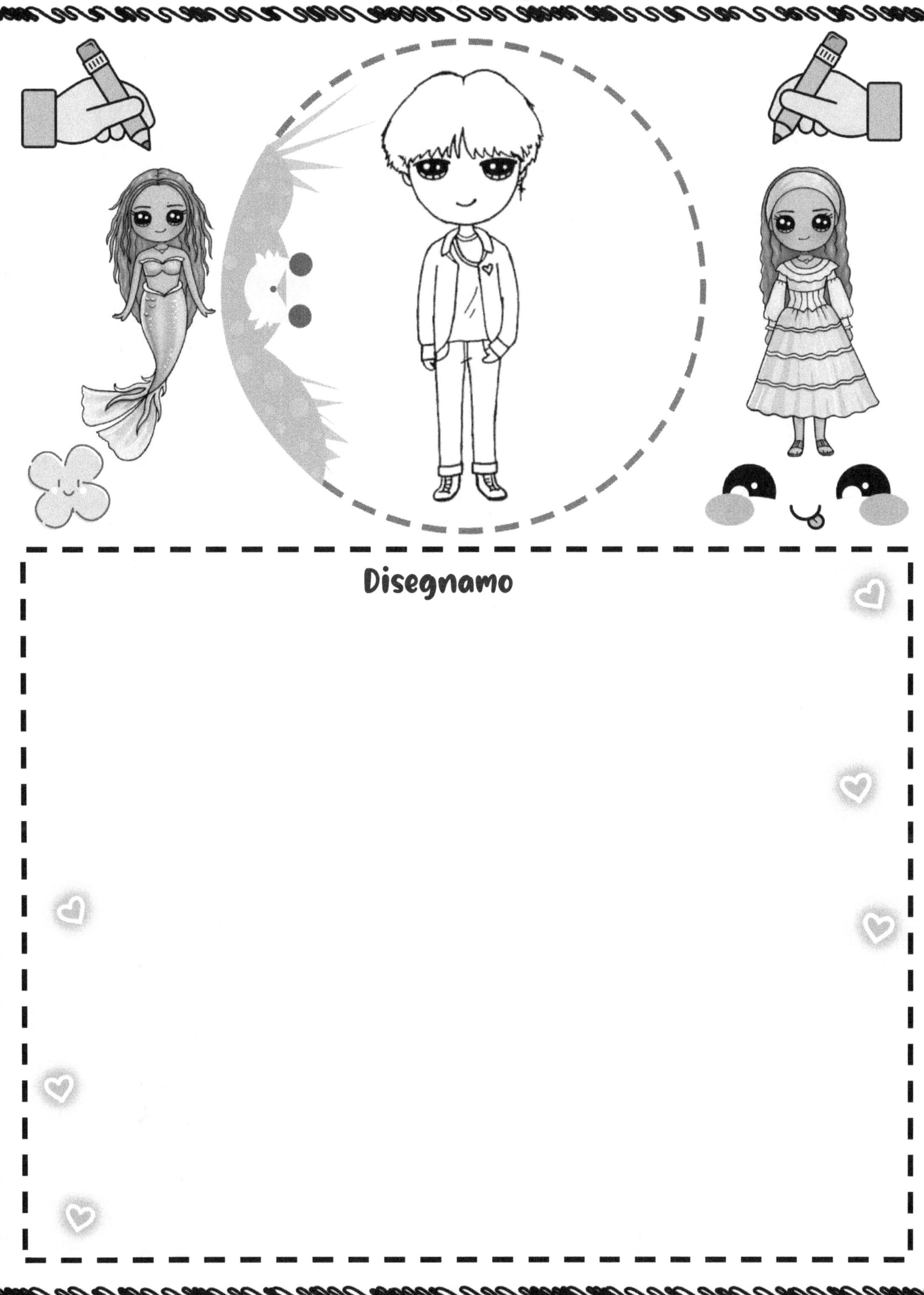

Disegnamo

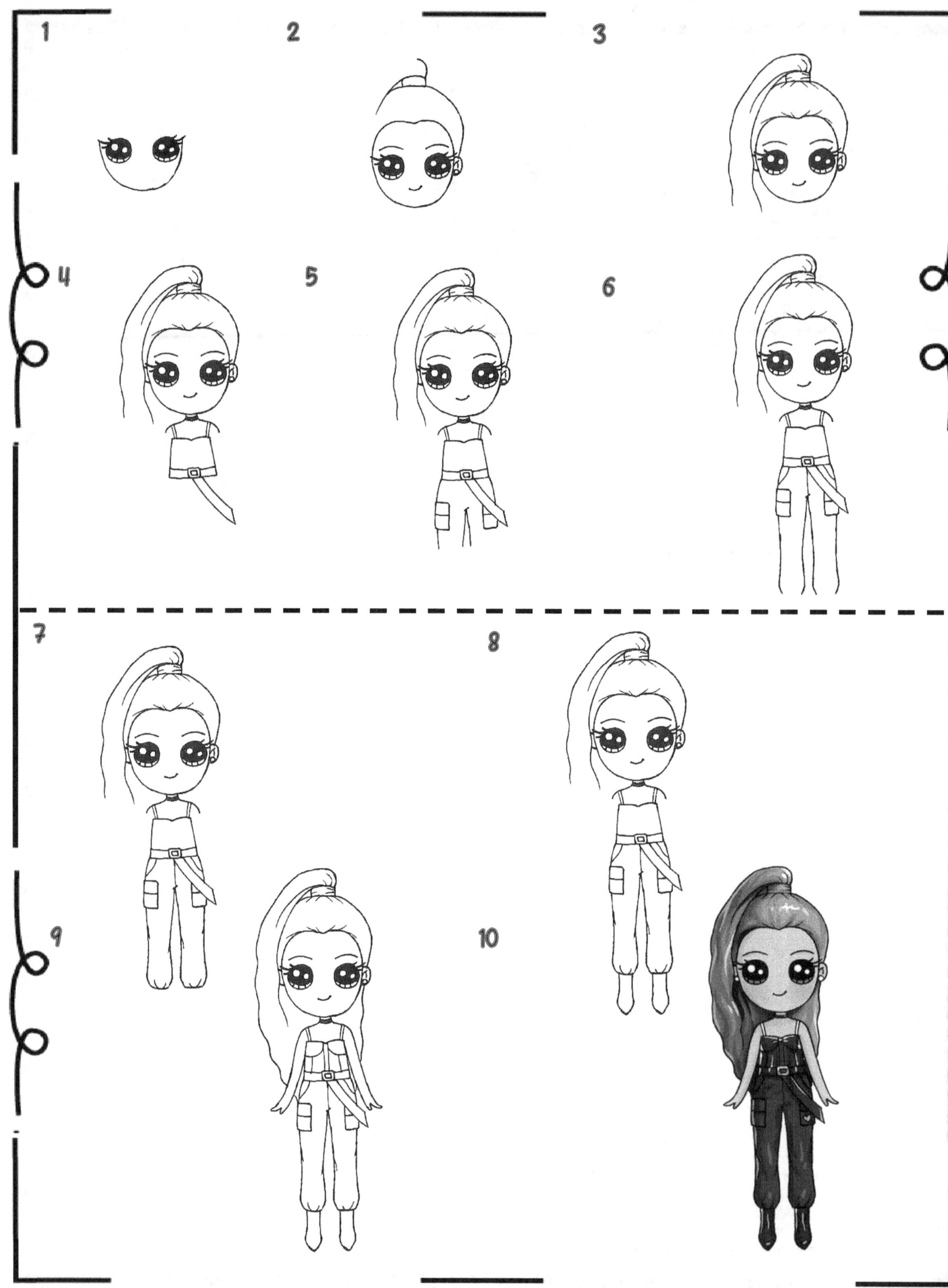

1

2

3

4

5

6

7

8

9

10

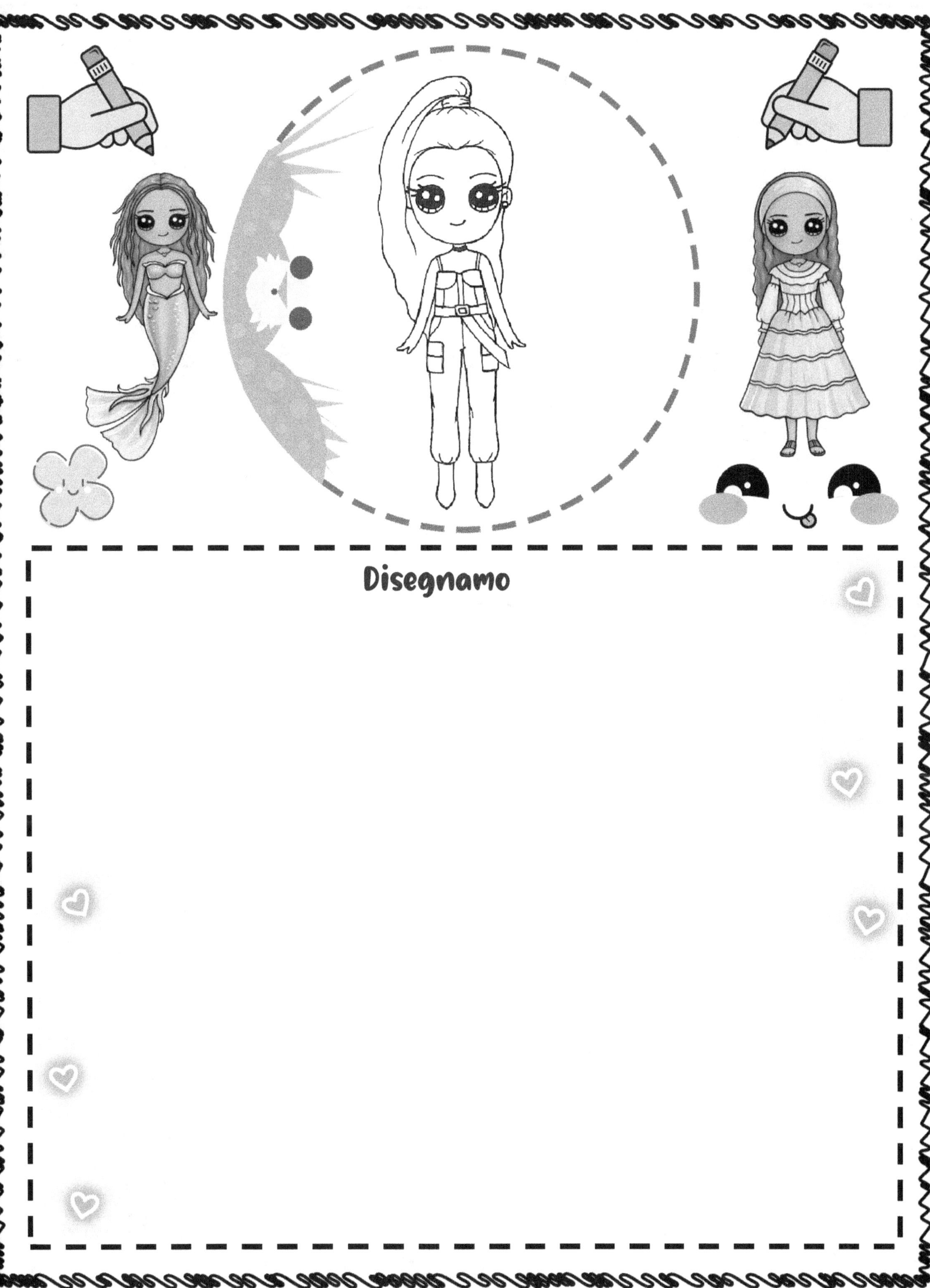

Disegnamo

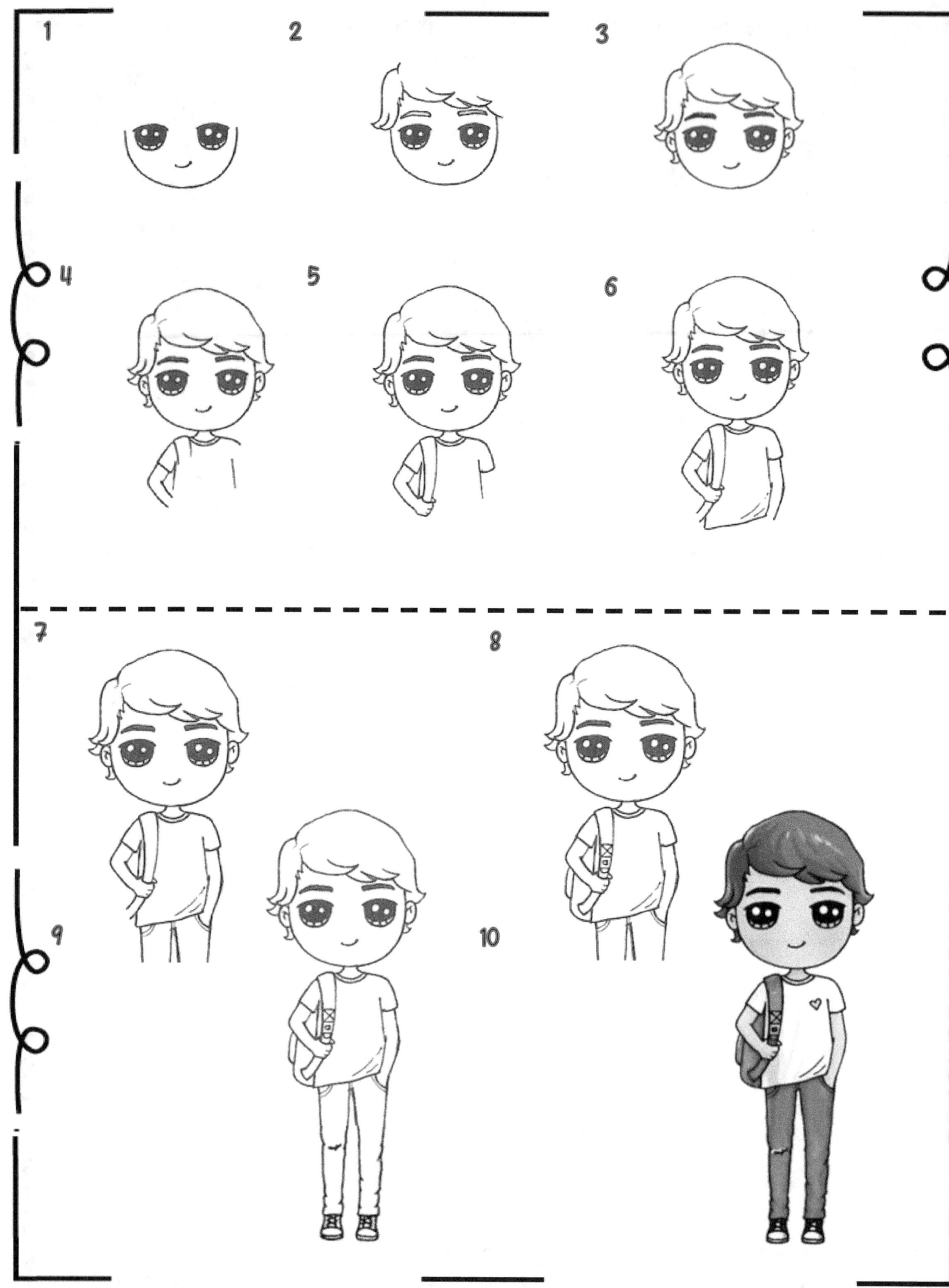

1
2
3
4
5
6
7
8
9
10

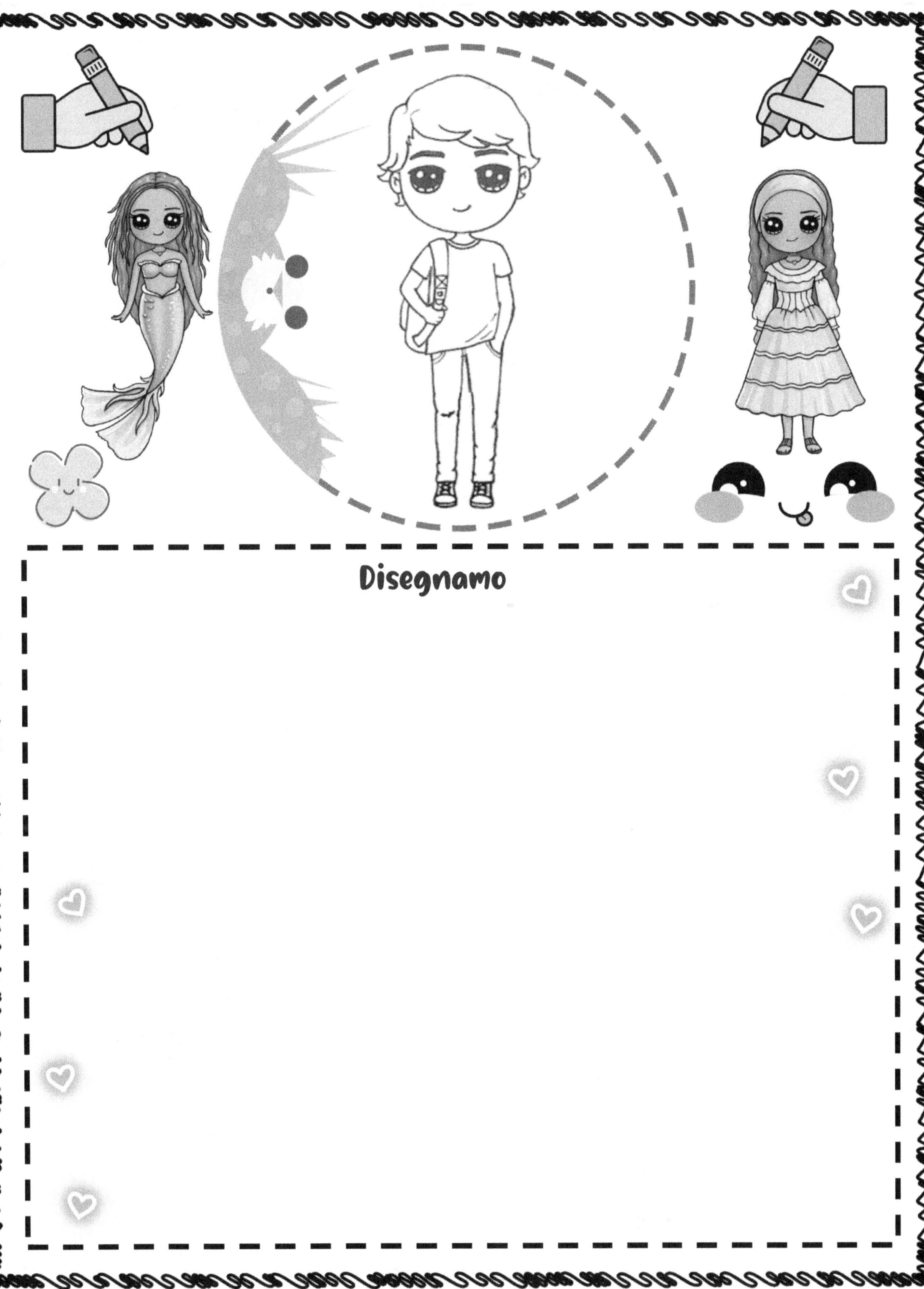

Disegnamo

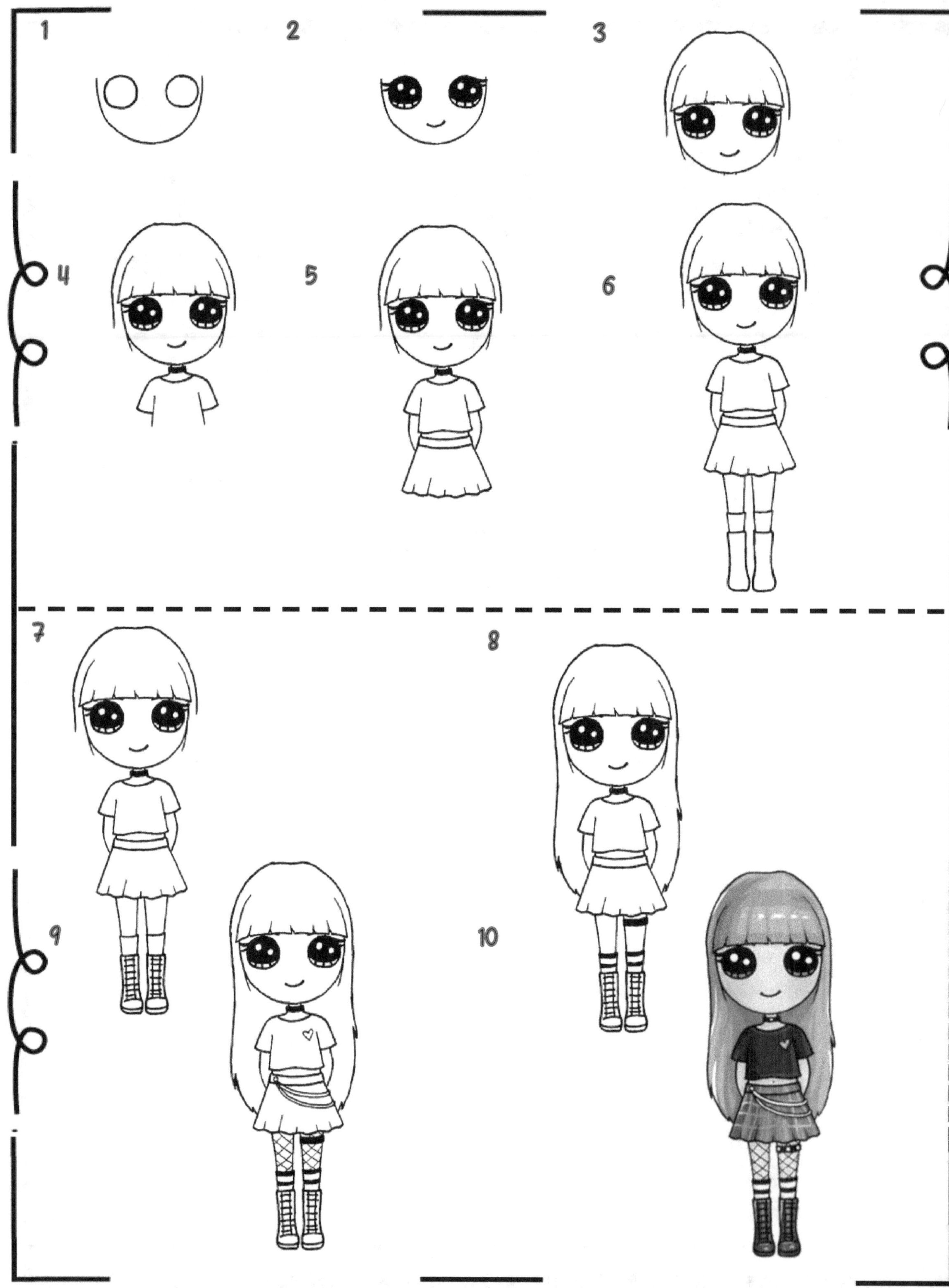

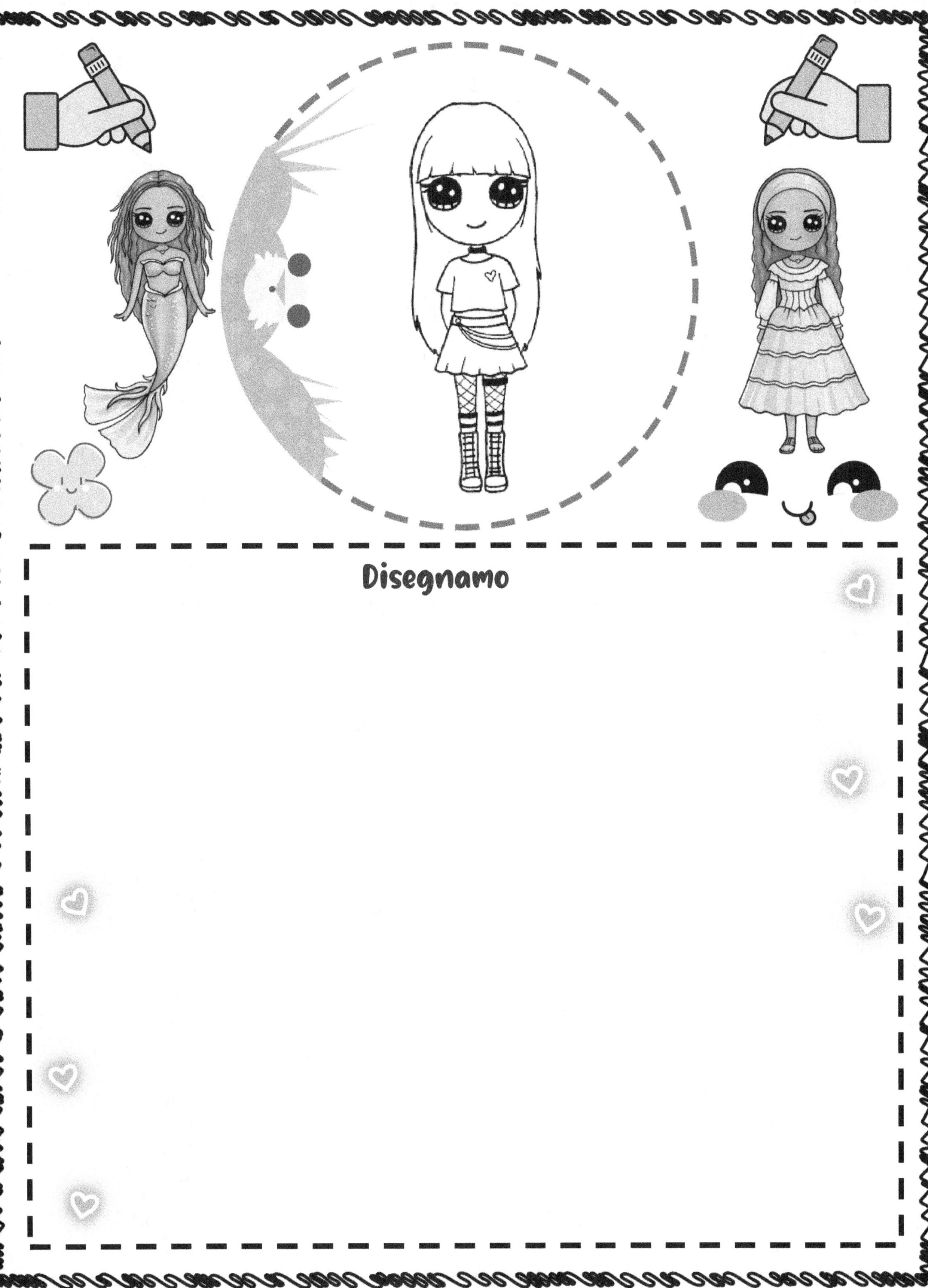

Disegnamo

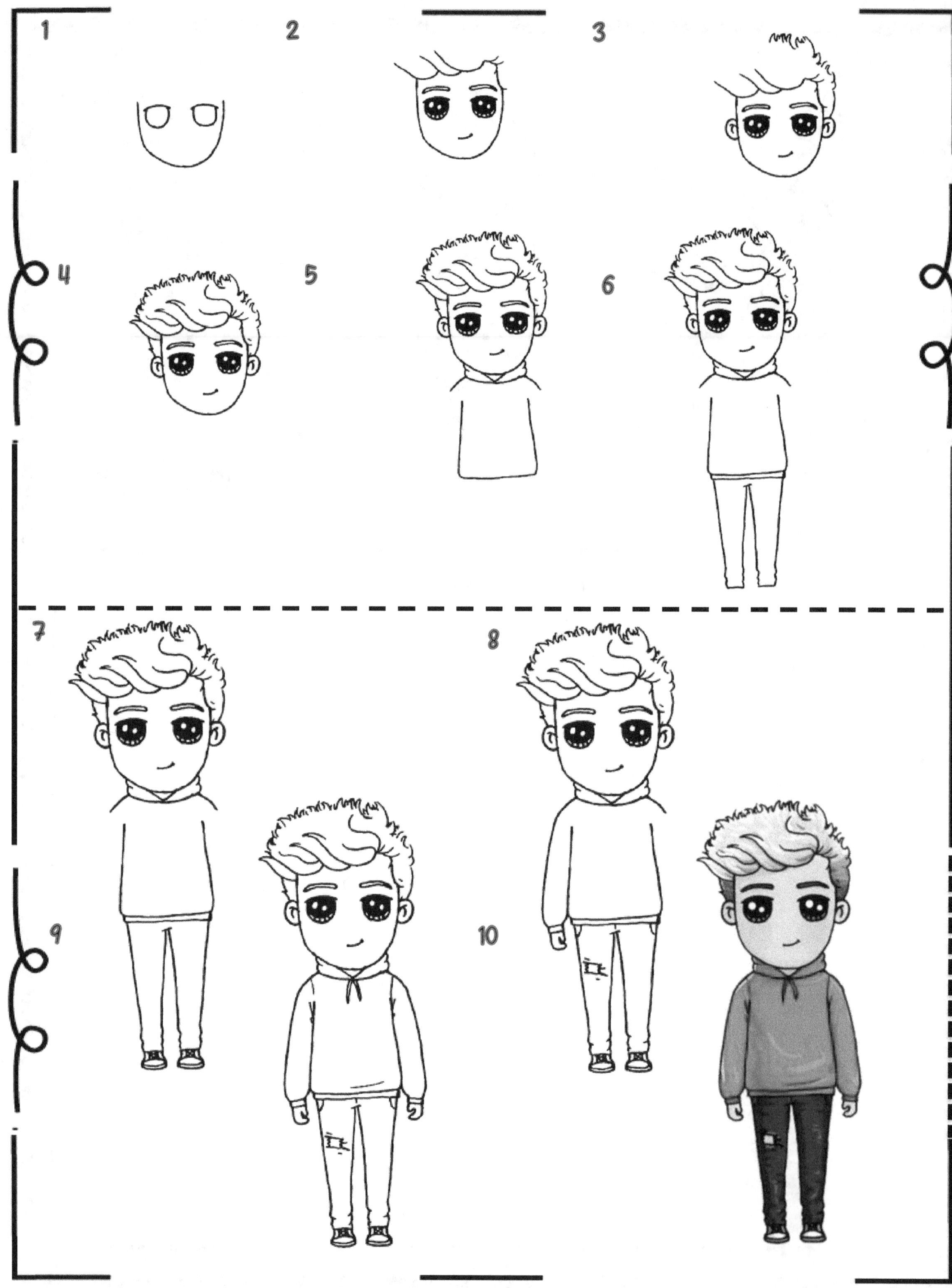

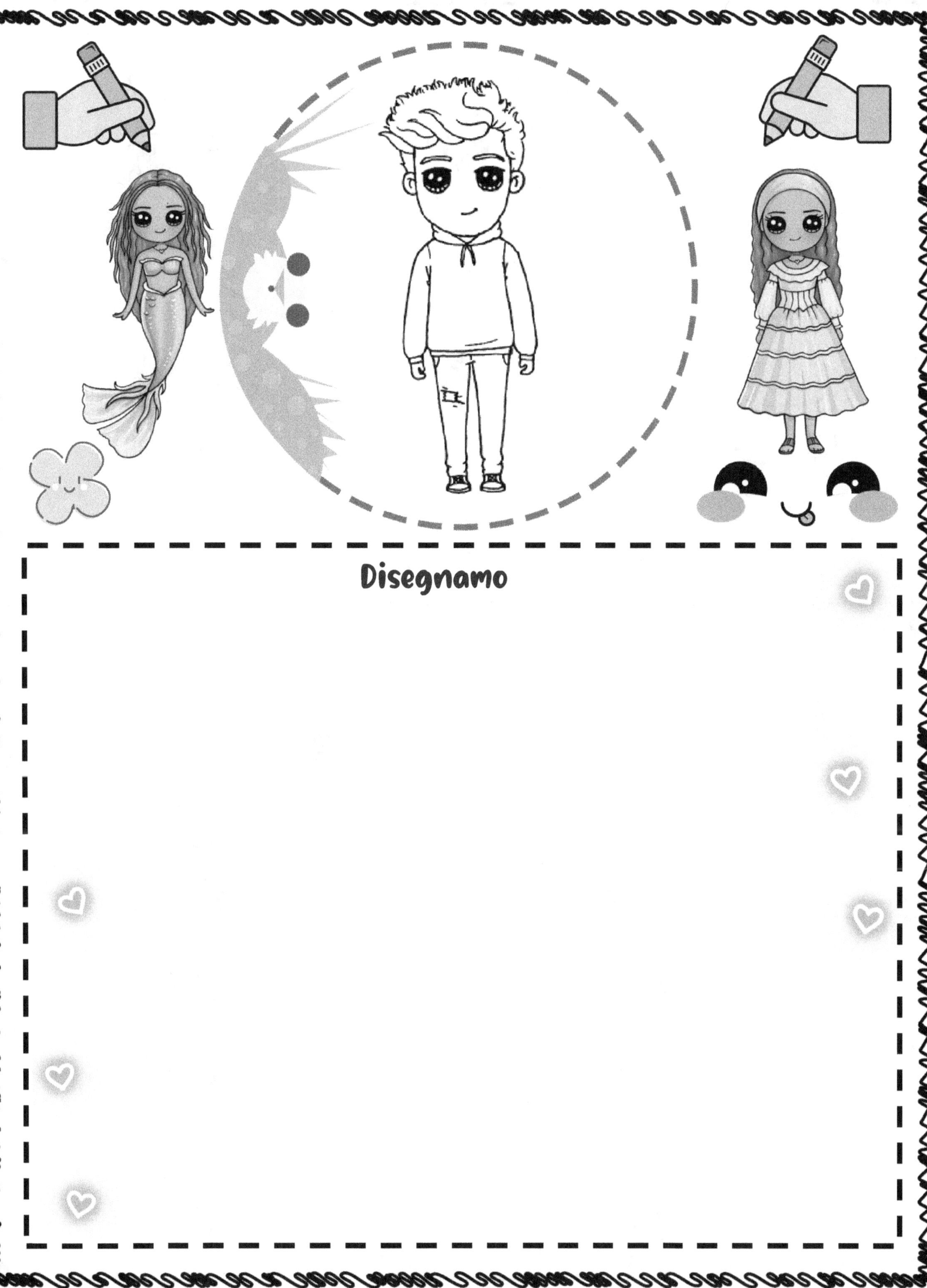

Disegnamo

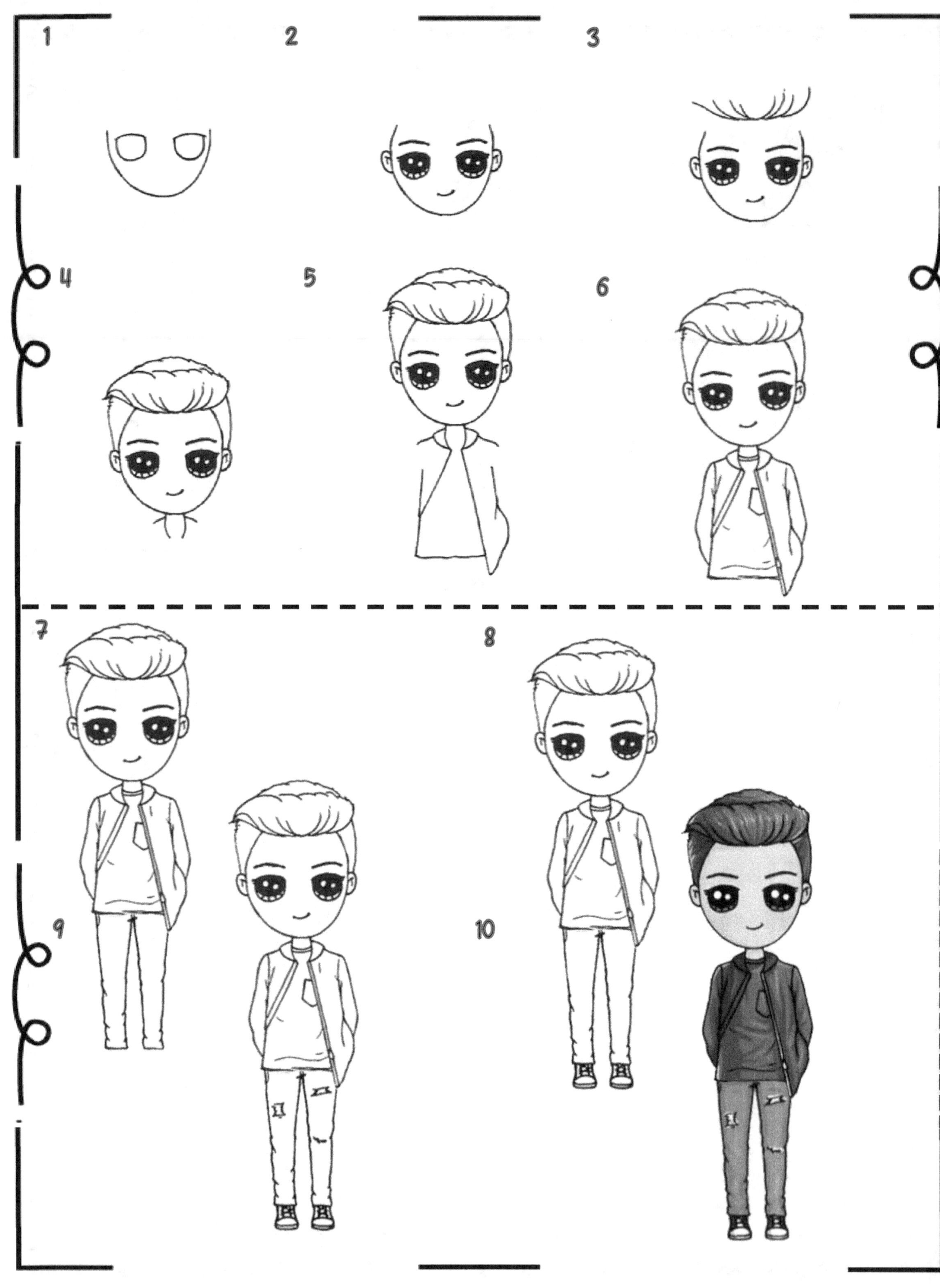

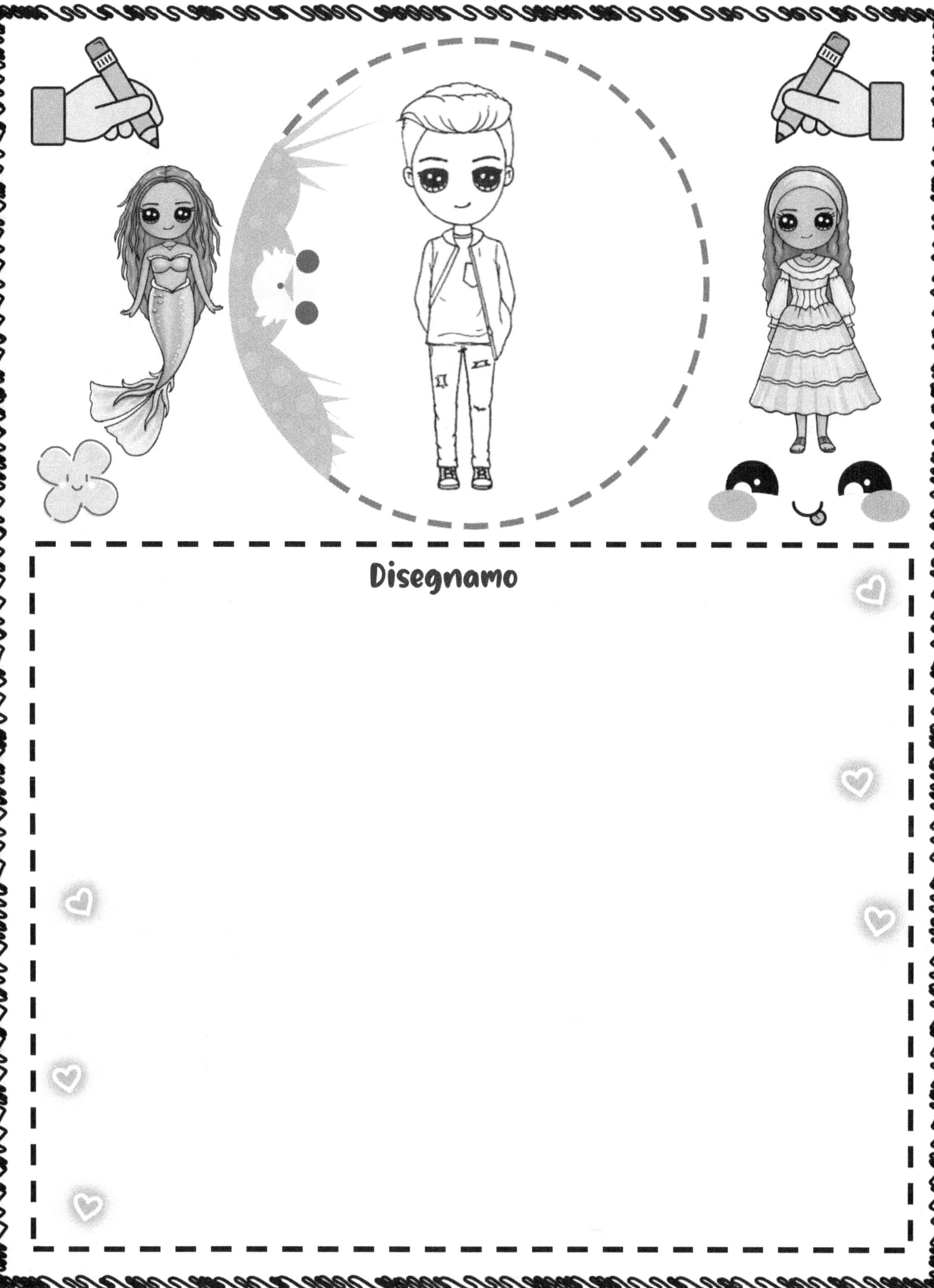

Disegnamo

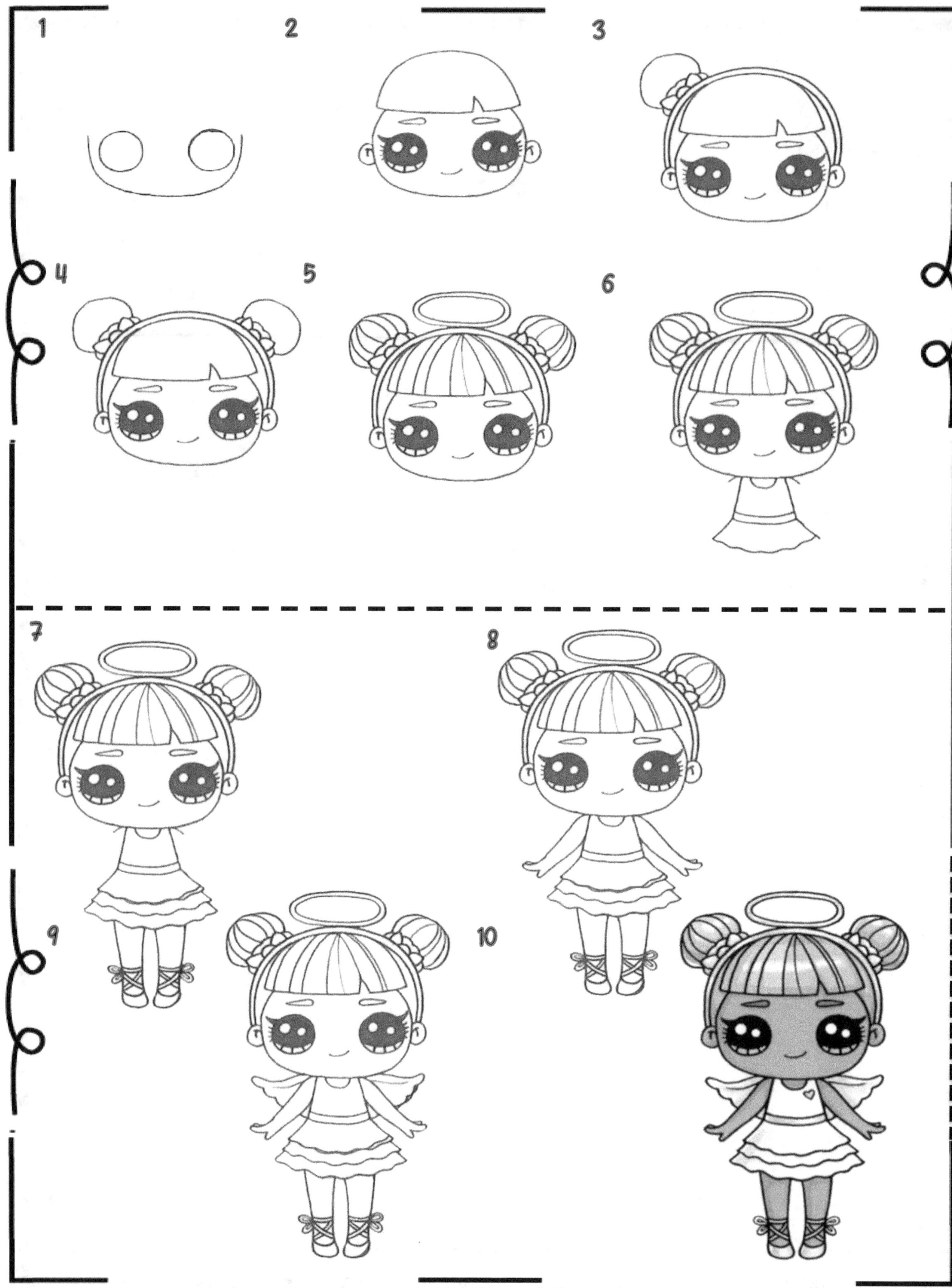

1
2
3
4
5
6
7
8
9
10

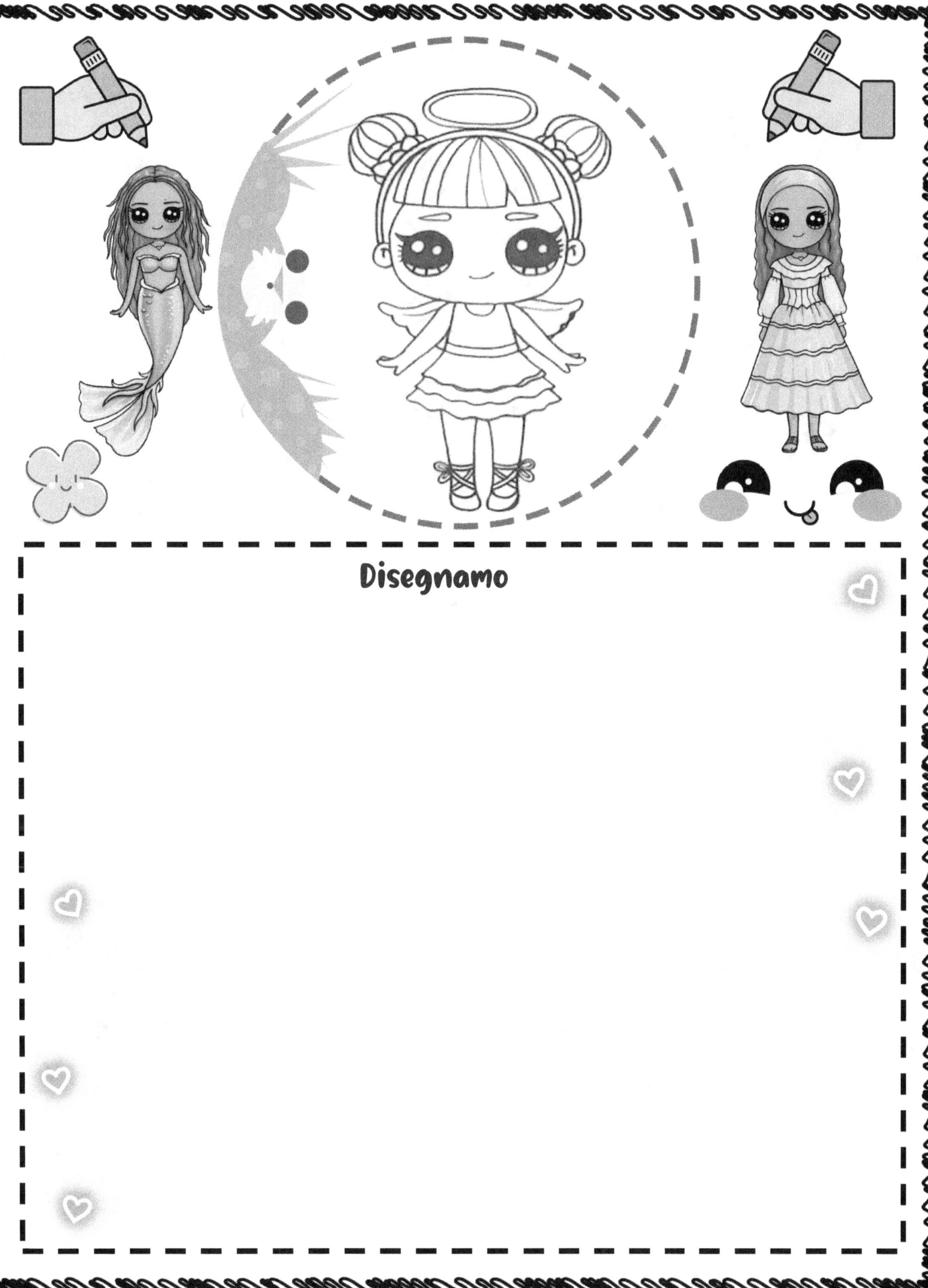
Disegnamo

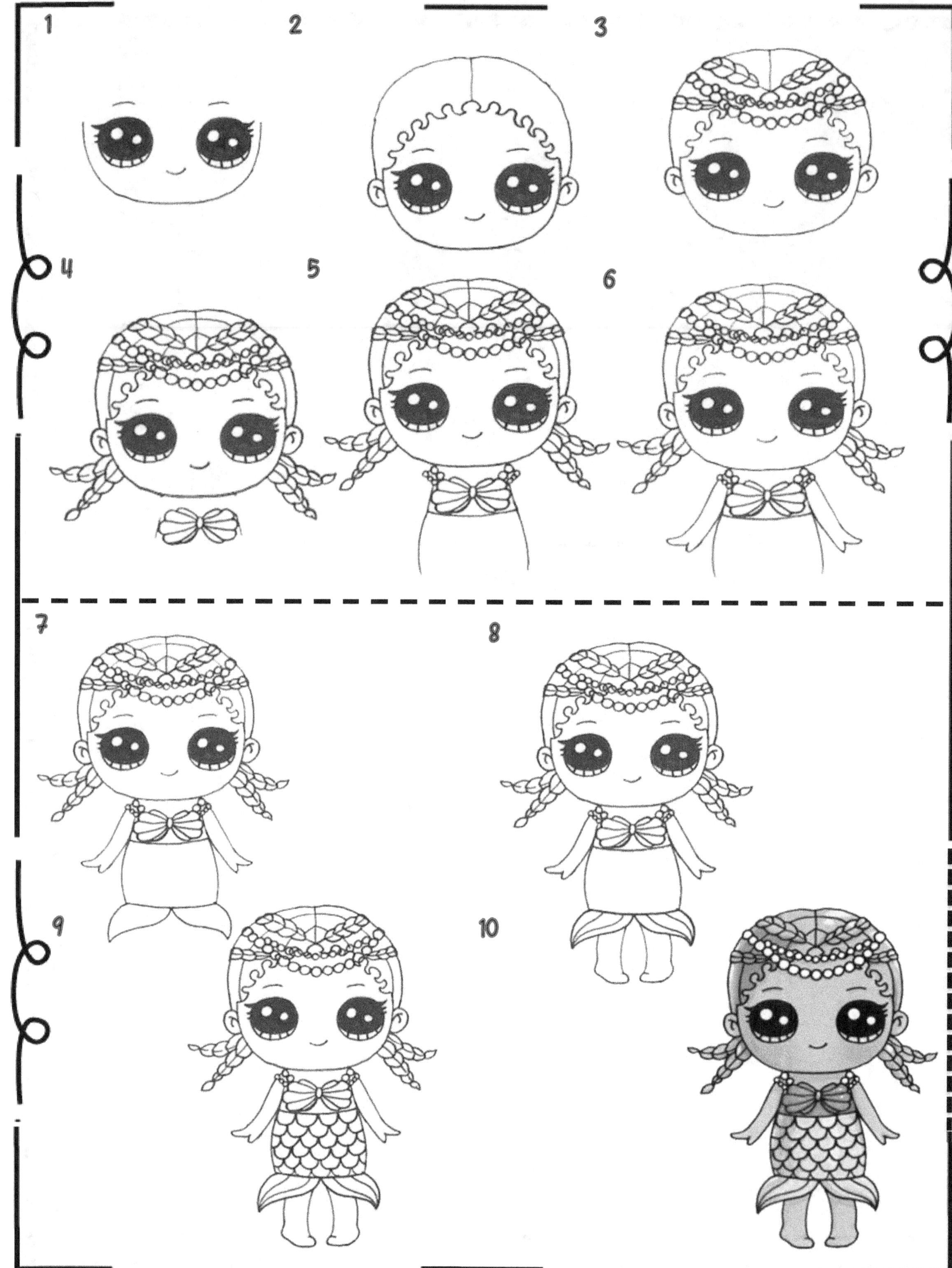

1
2
3
4
5
6
7
8
9
10

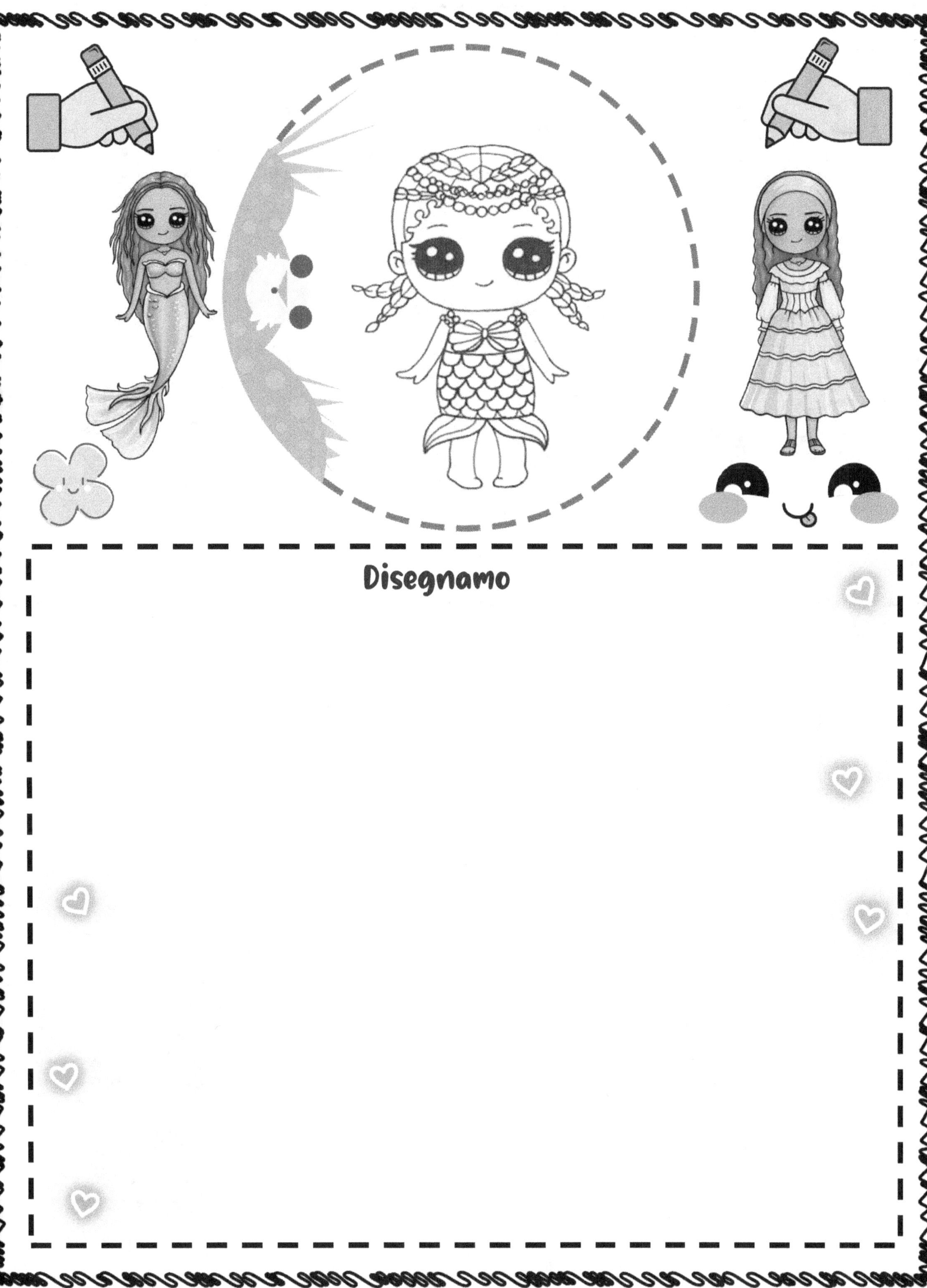

Disegnamo

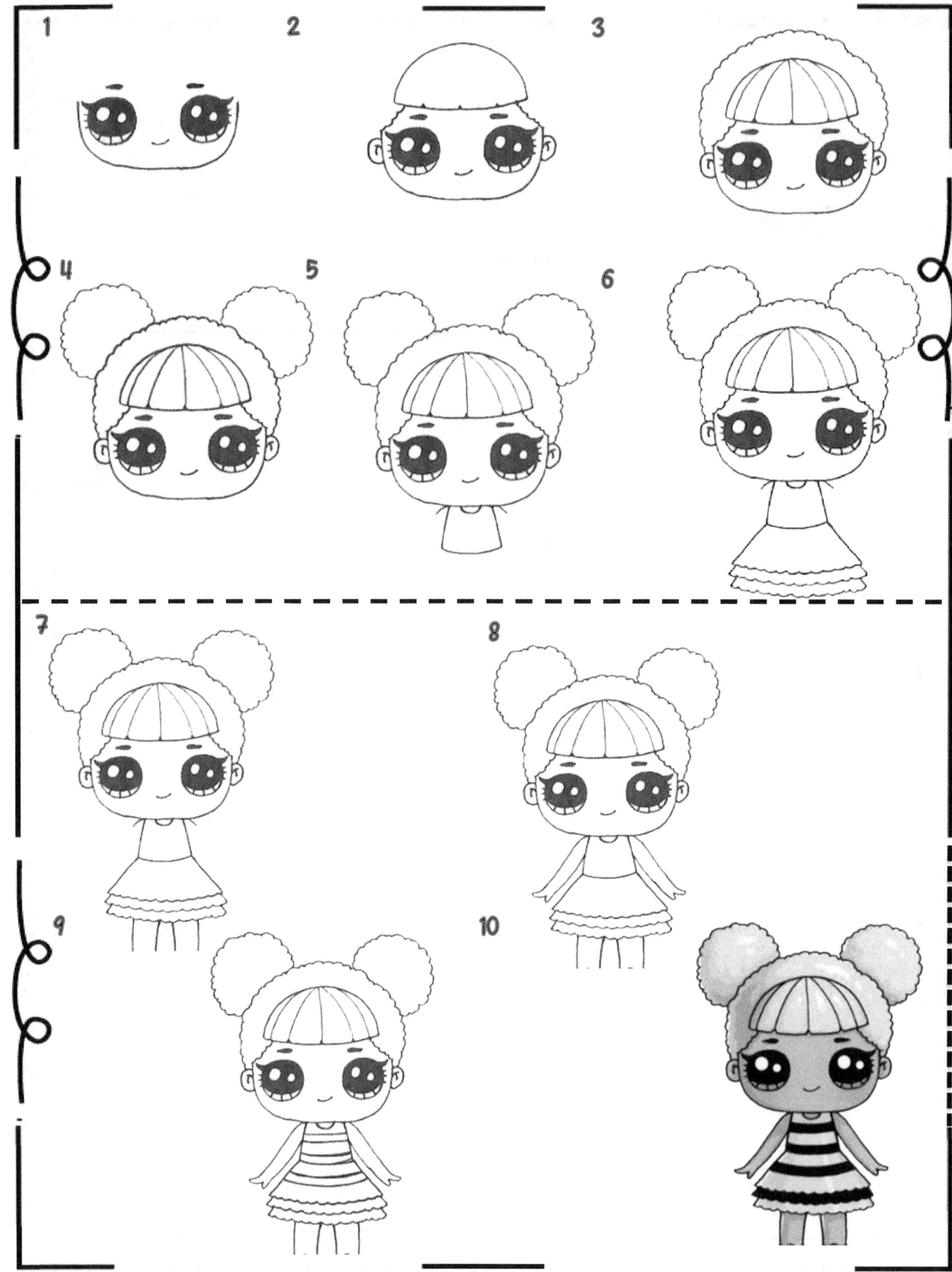

1
2
3
4
5
6
7
8
9
10

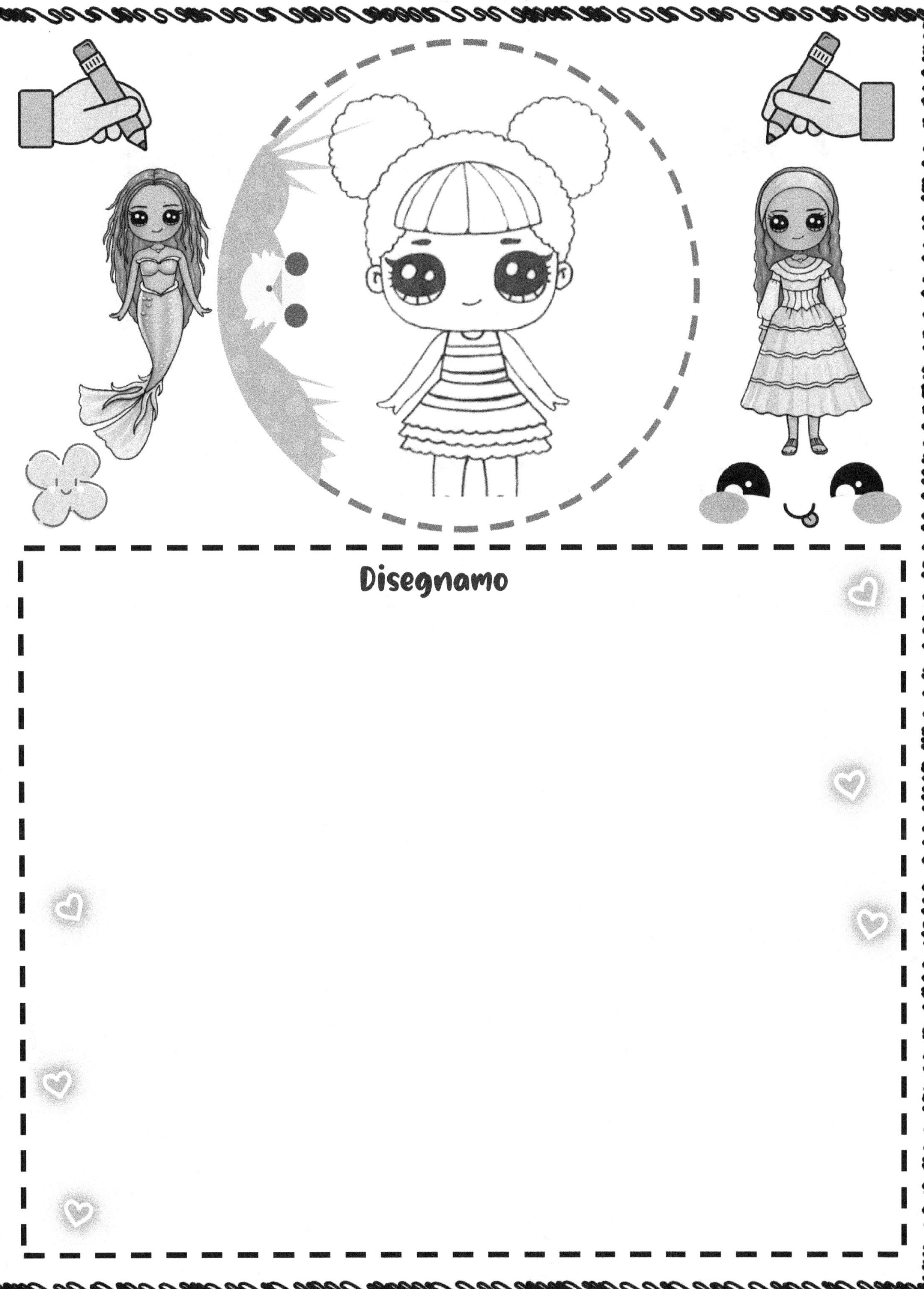

Disegnamo

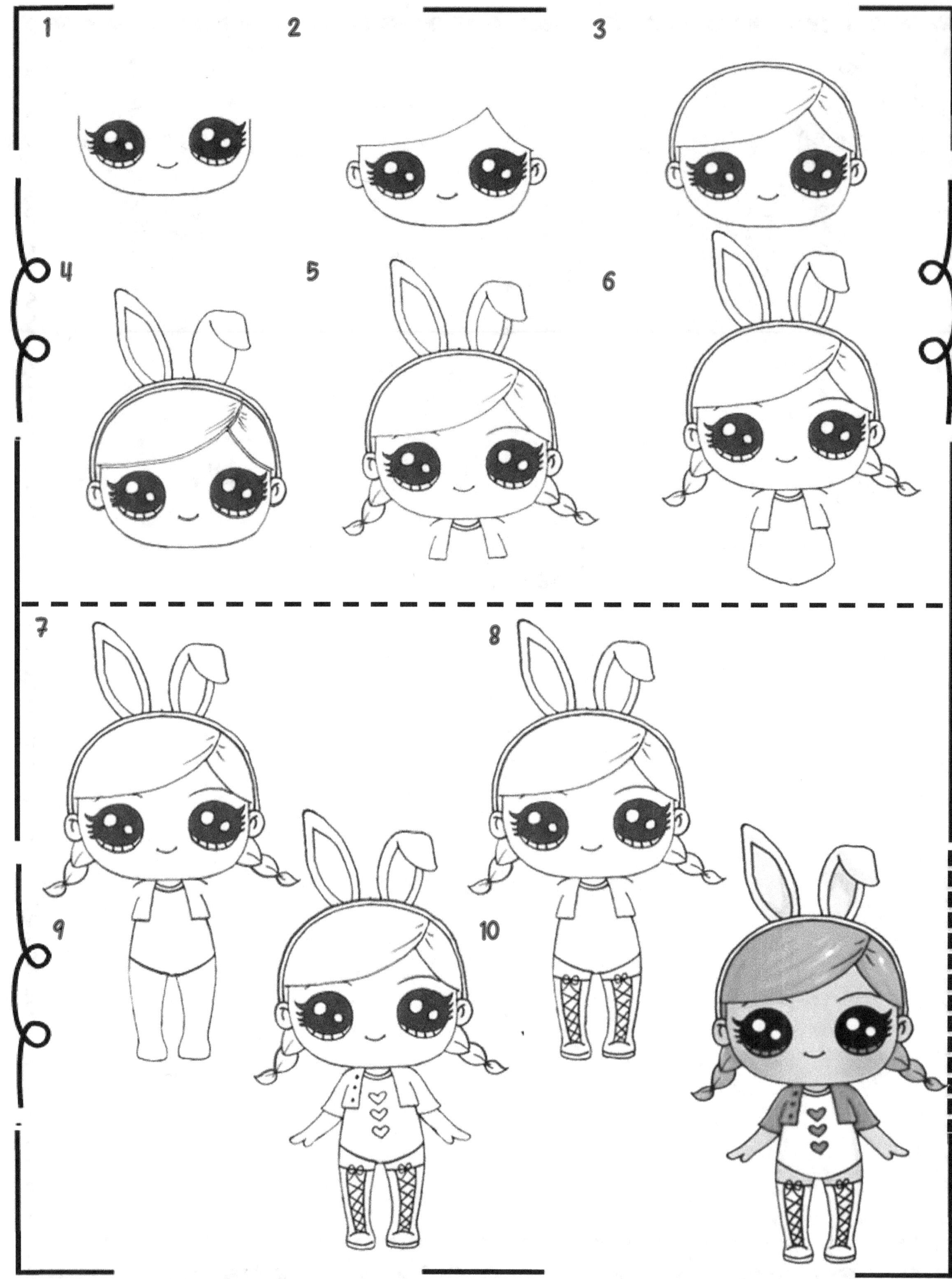
1
2
3
4
5
6
7
8
9
10

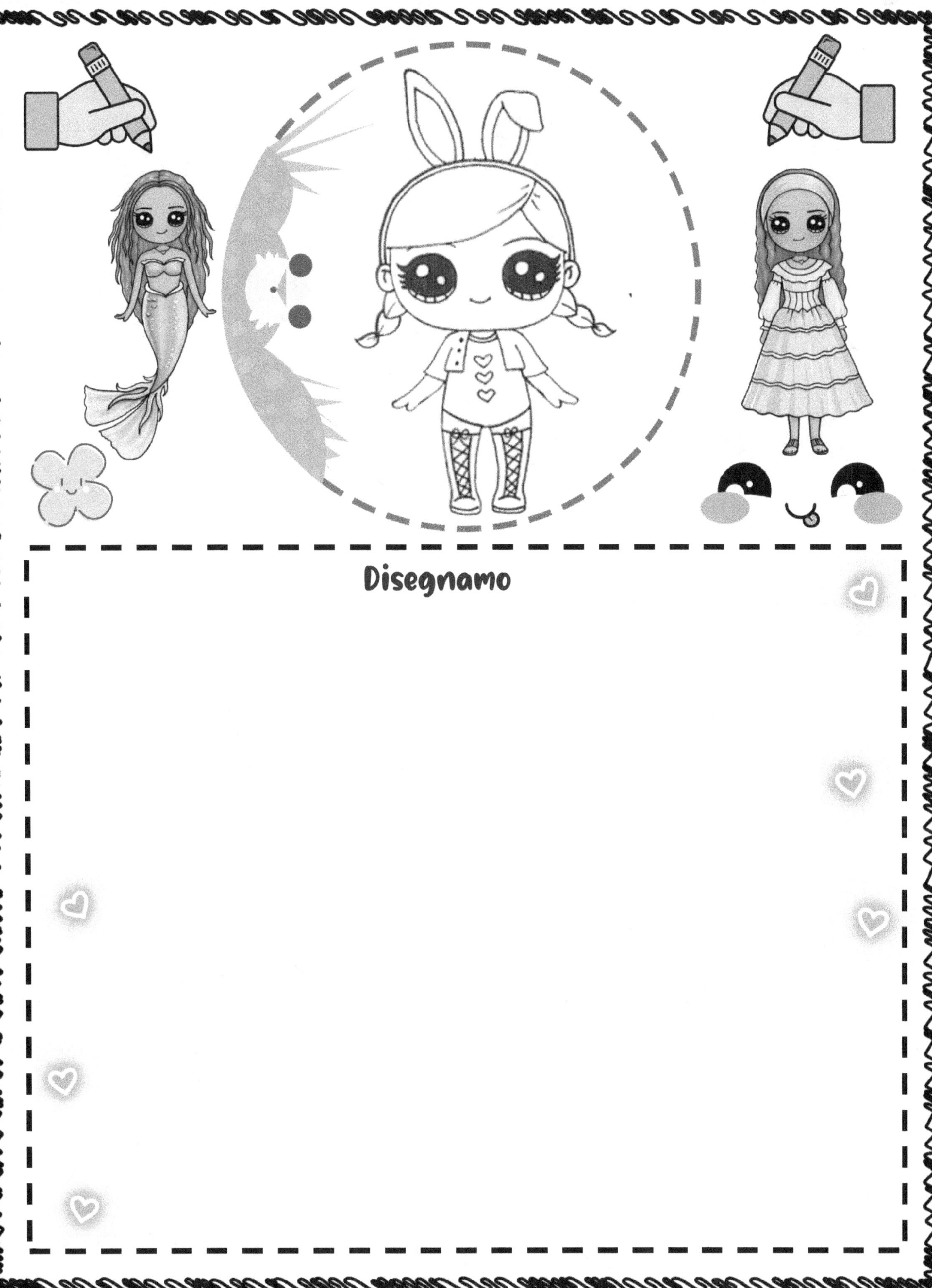

Disegnamo

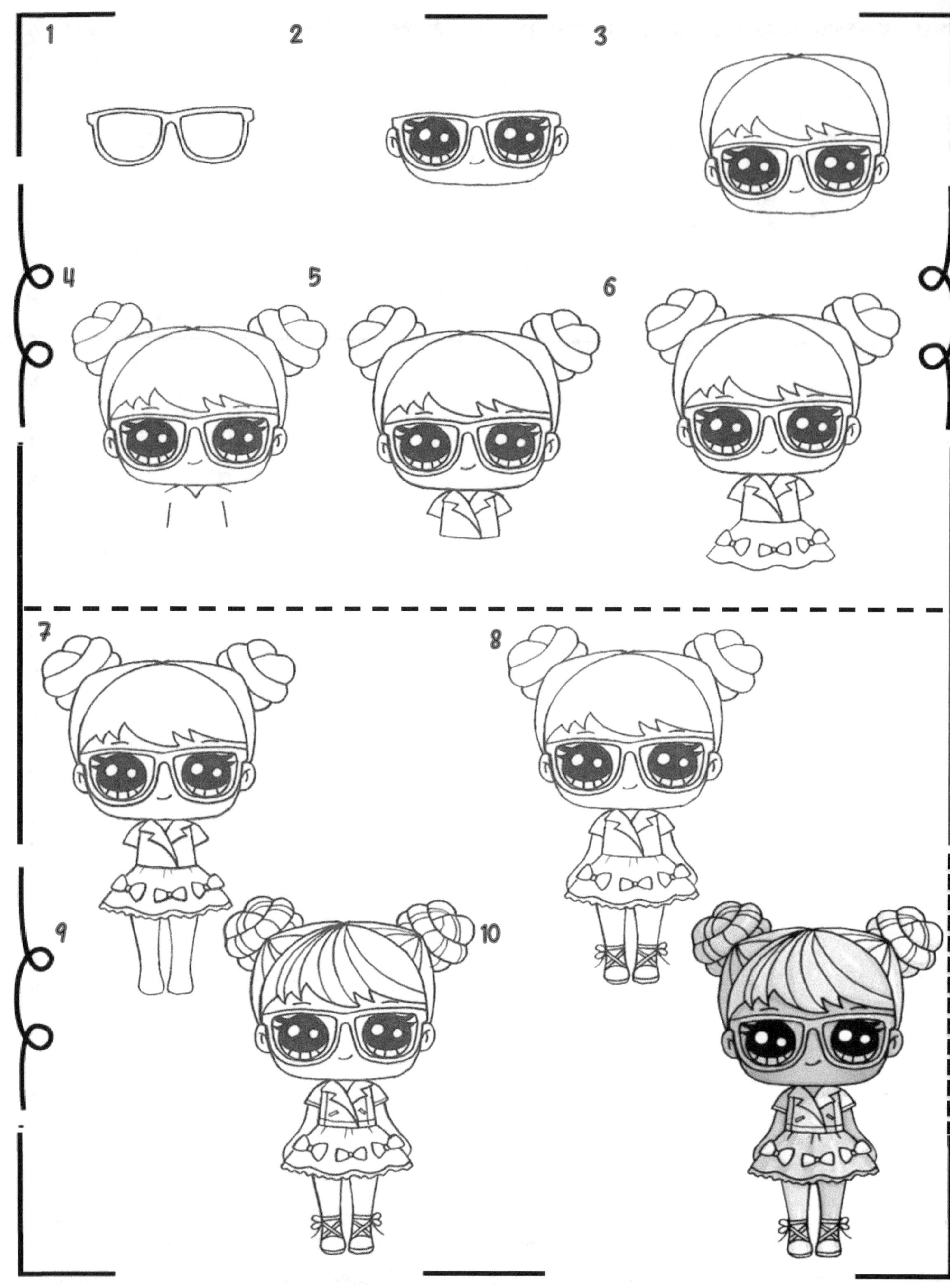

1
2
3
4
5
6
7
8
9
10

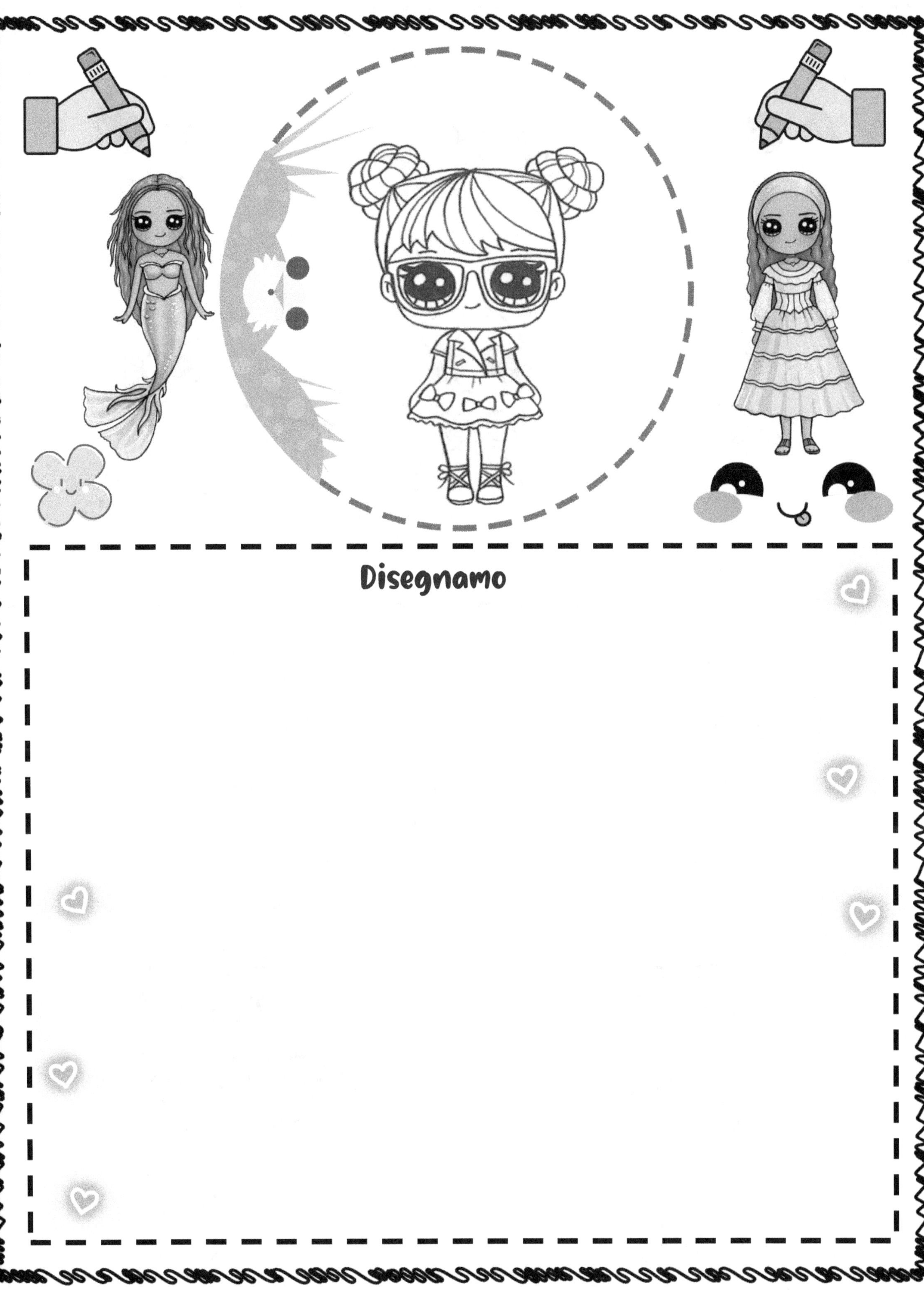

Disegnamo

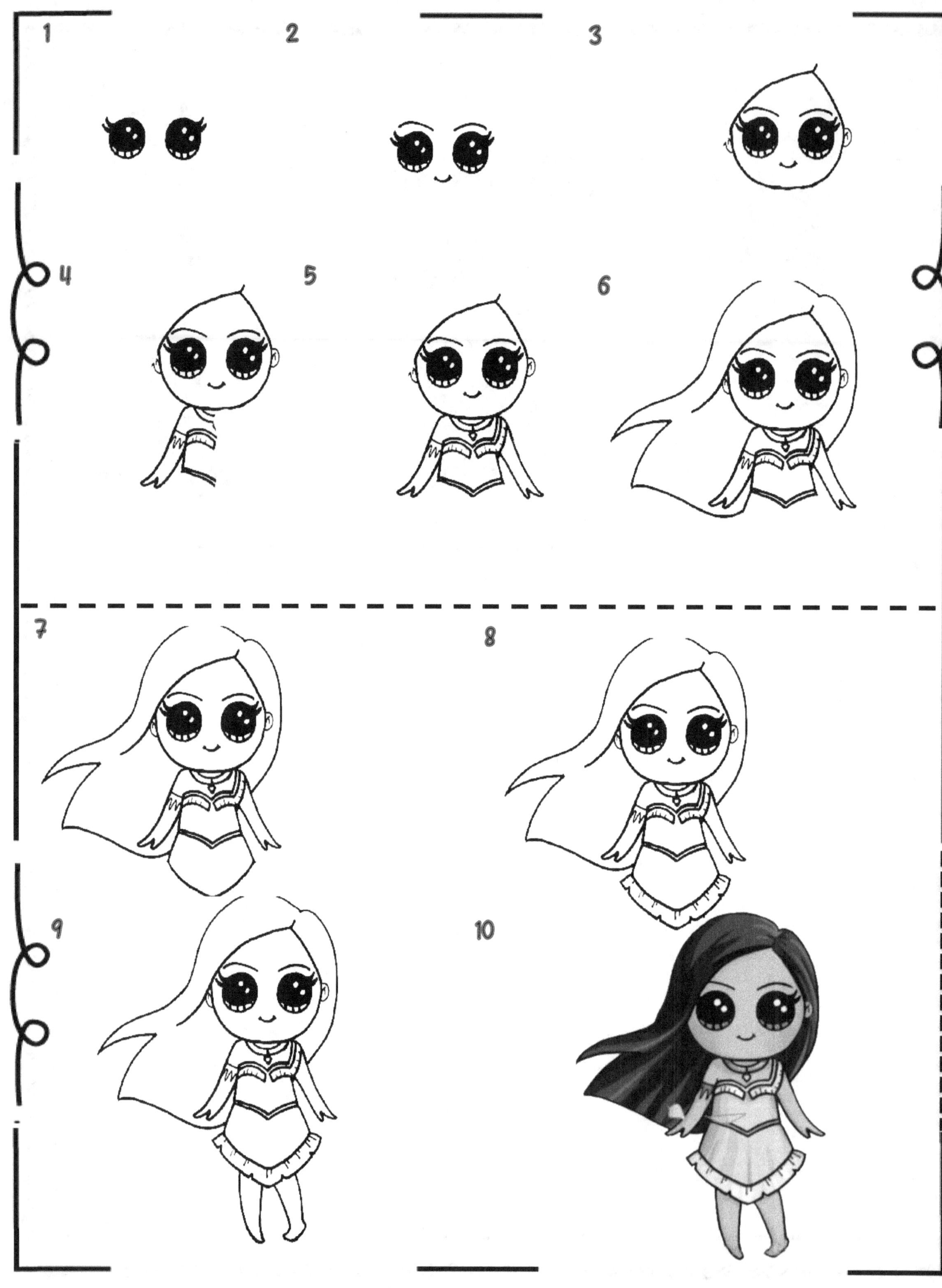
1
2
3
4
5
6
7
8
9
10

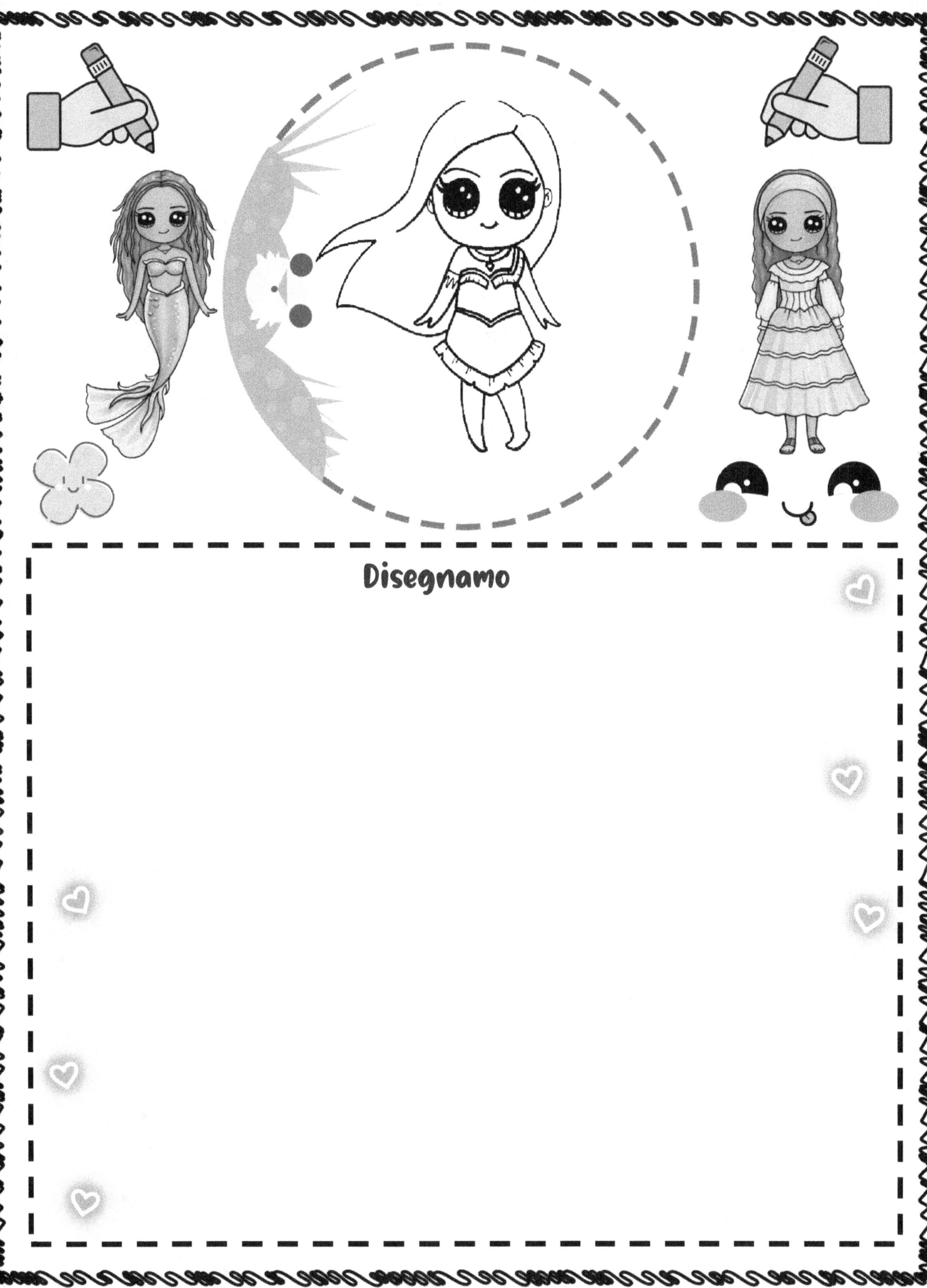

Disegnamo

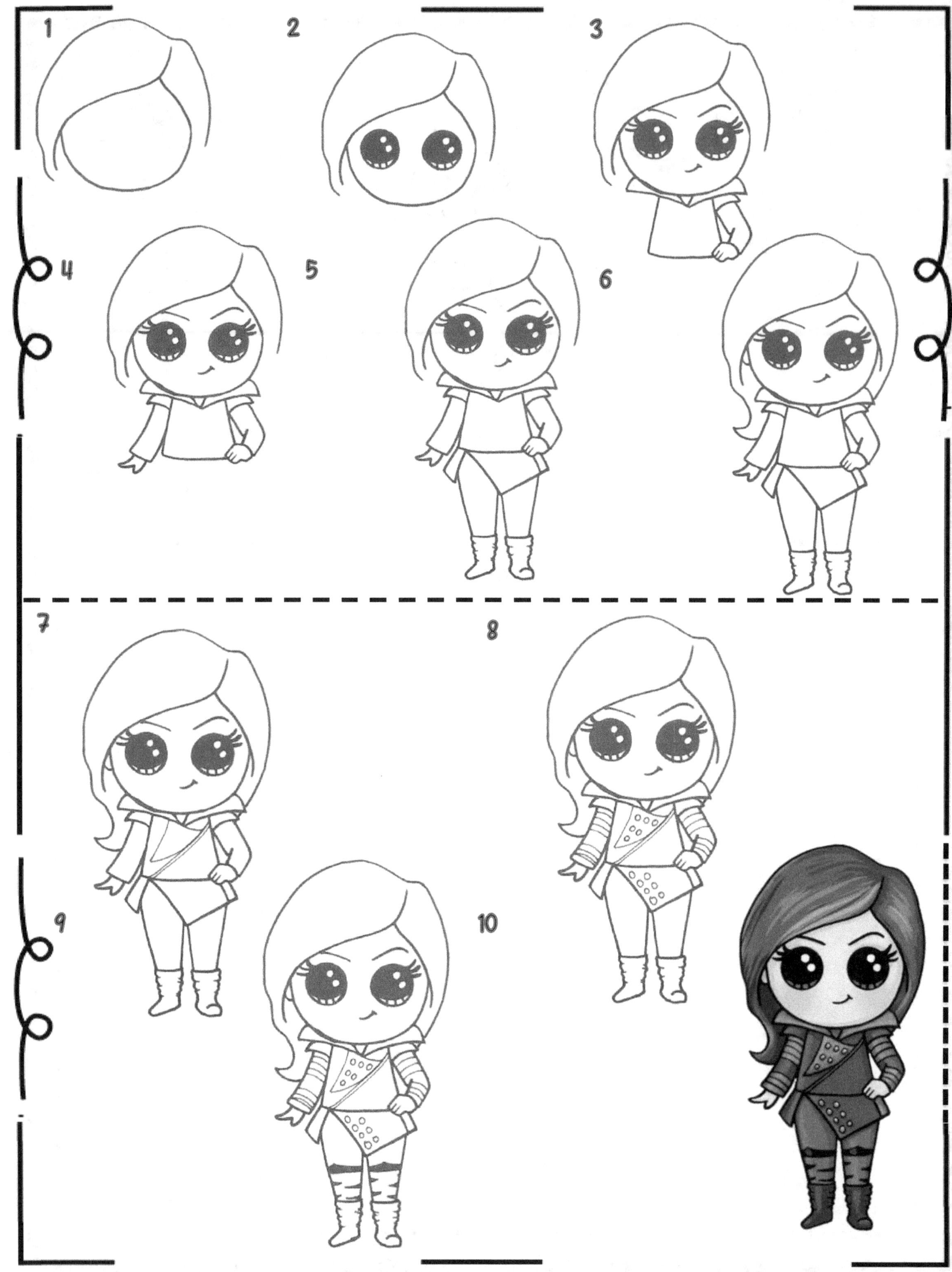

Disegnamo

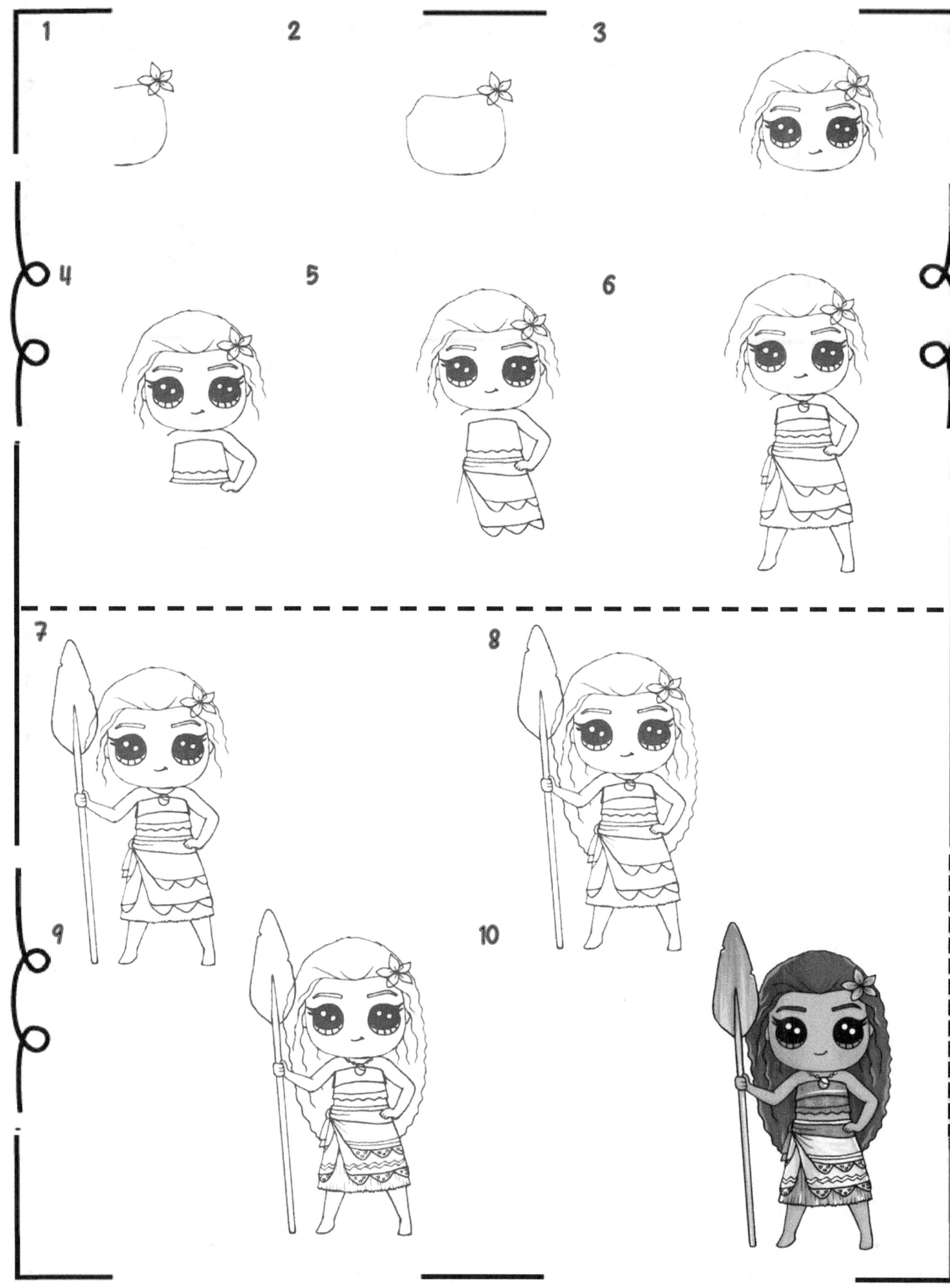

1
2
3
4
5
6
7
8
9
10

Disegnamo

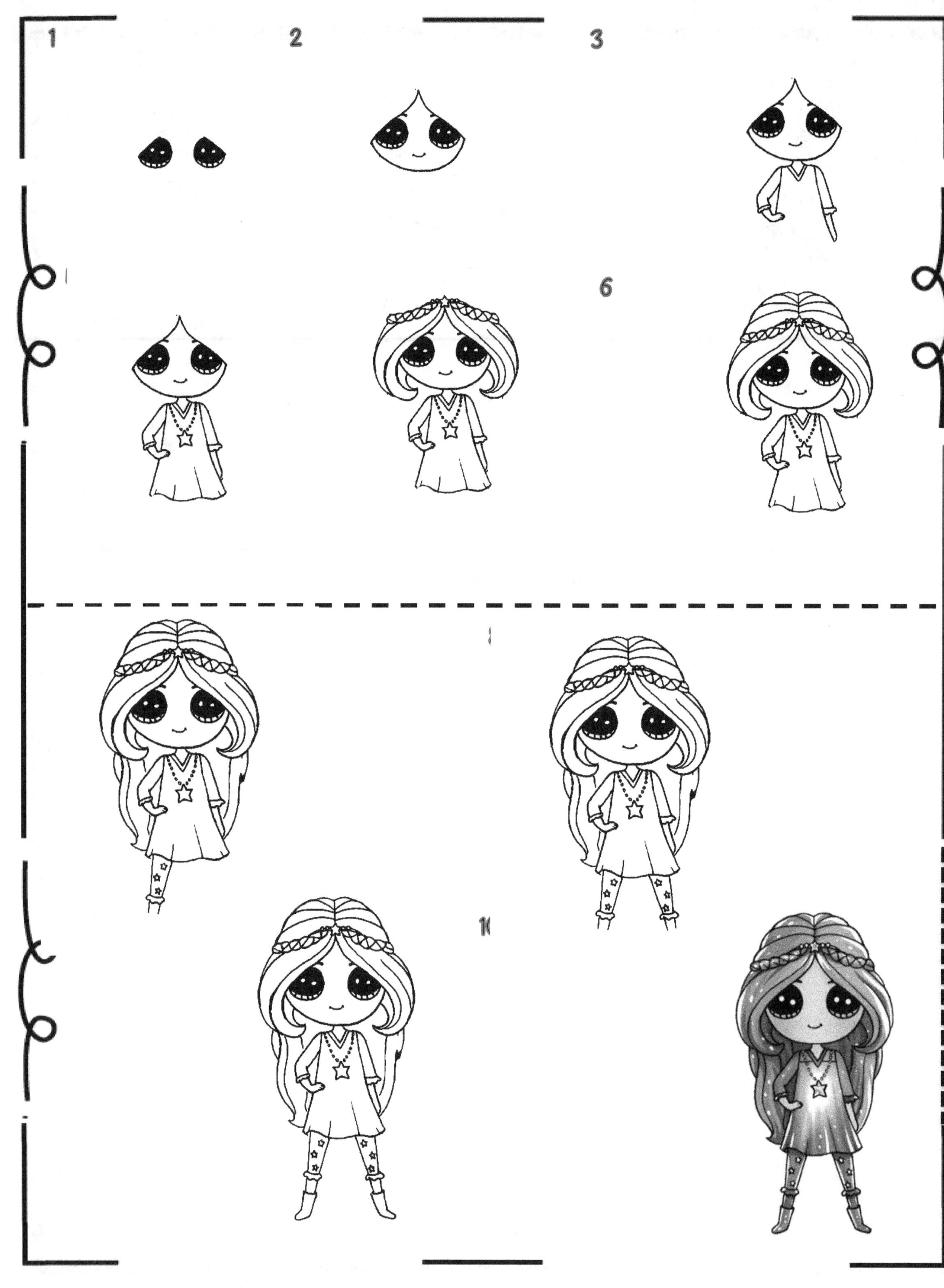

1
2
3
6
10

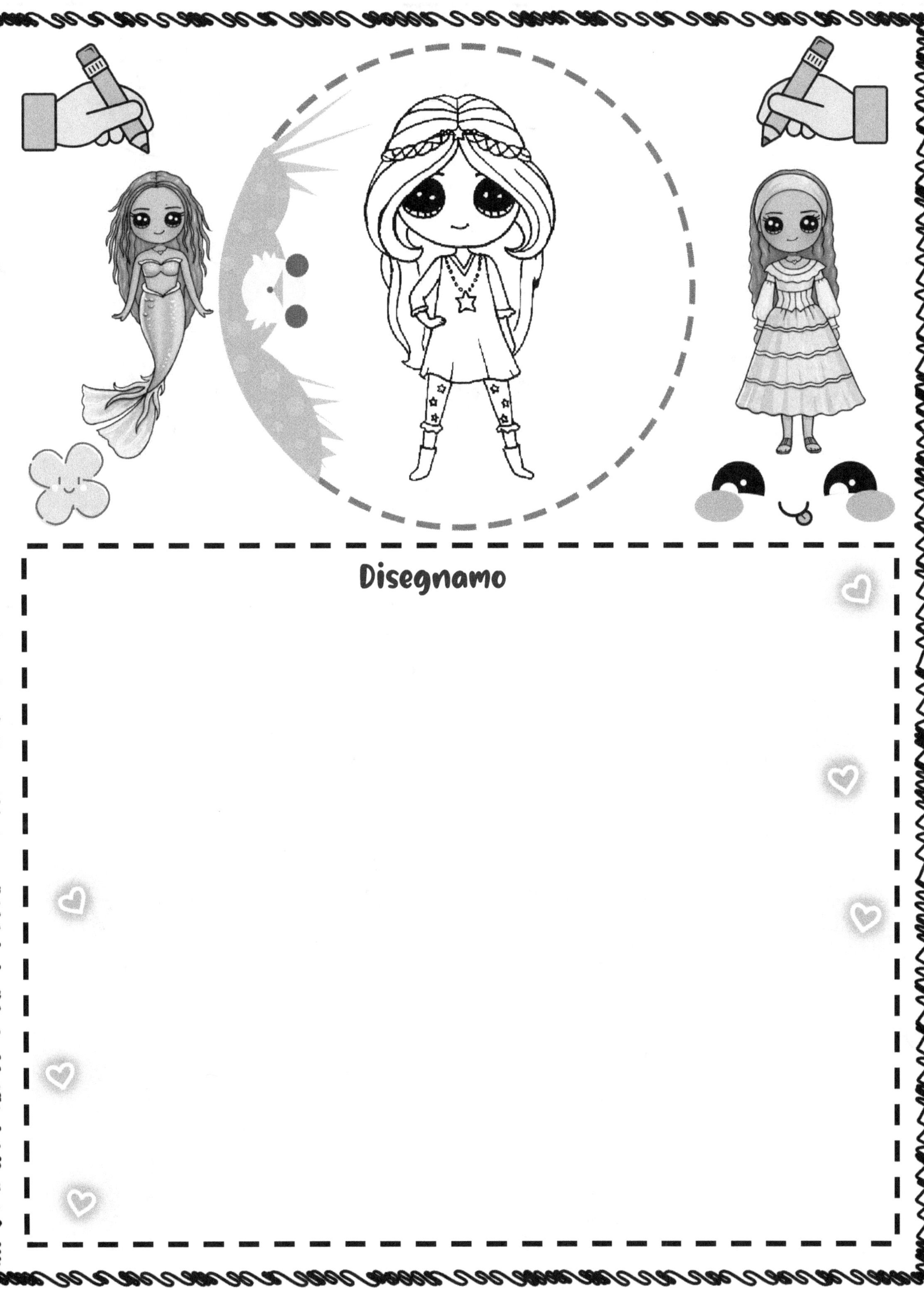

Disegnamo

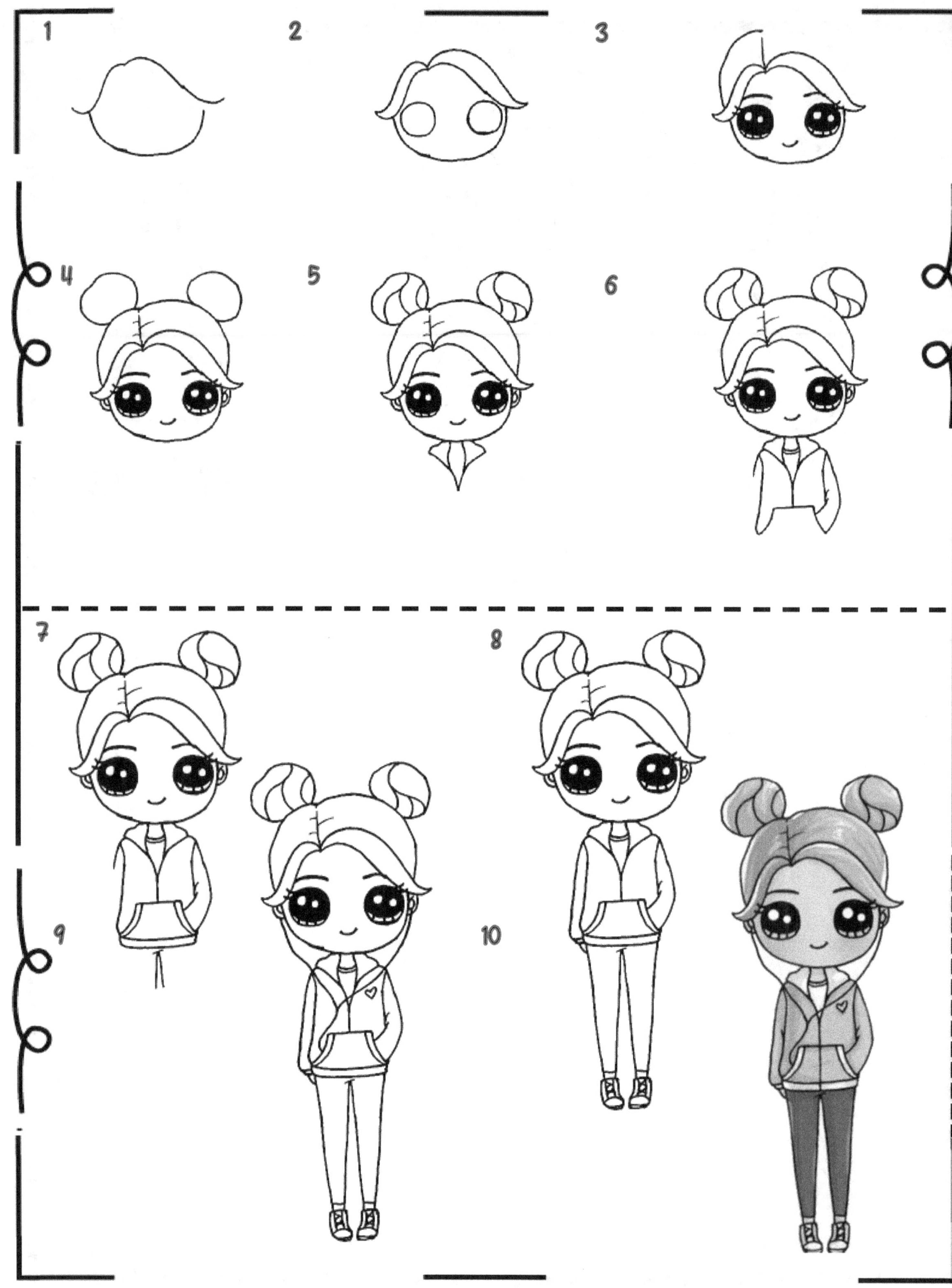

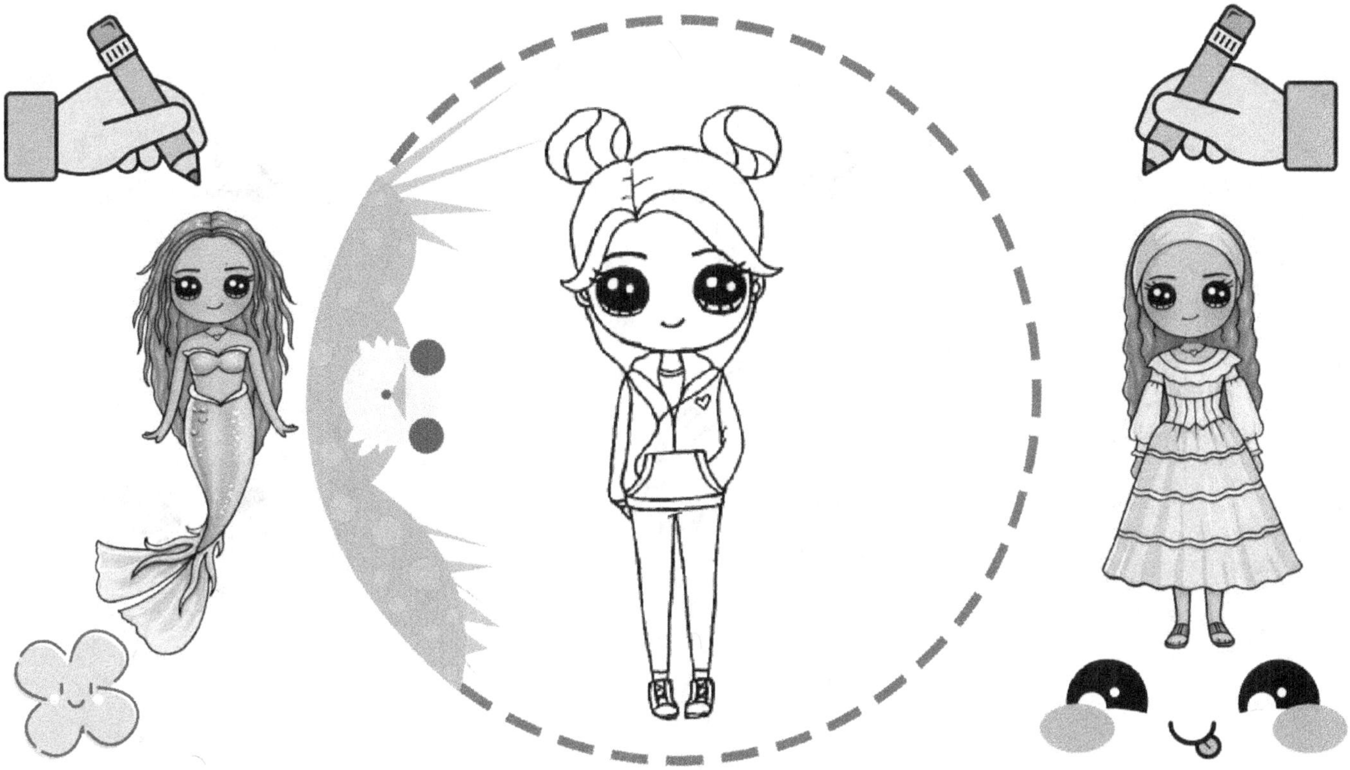

Disegnamo

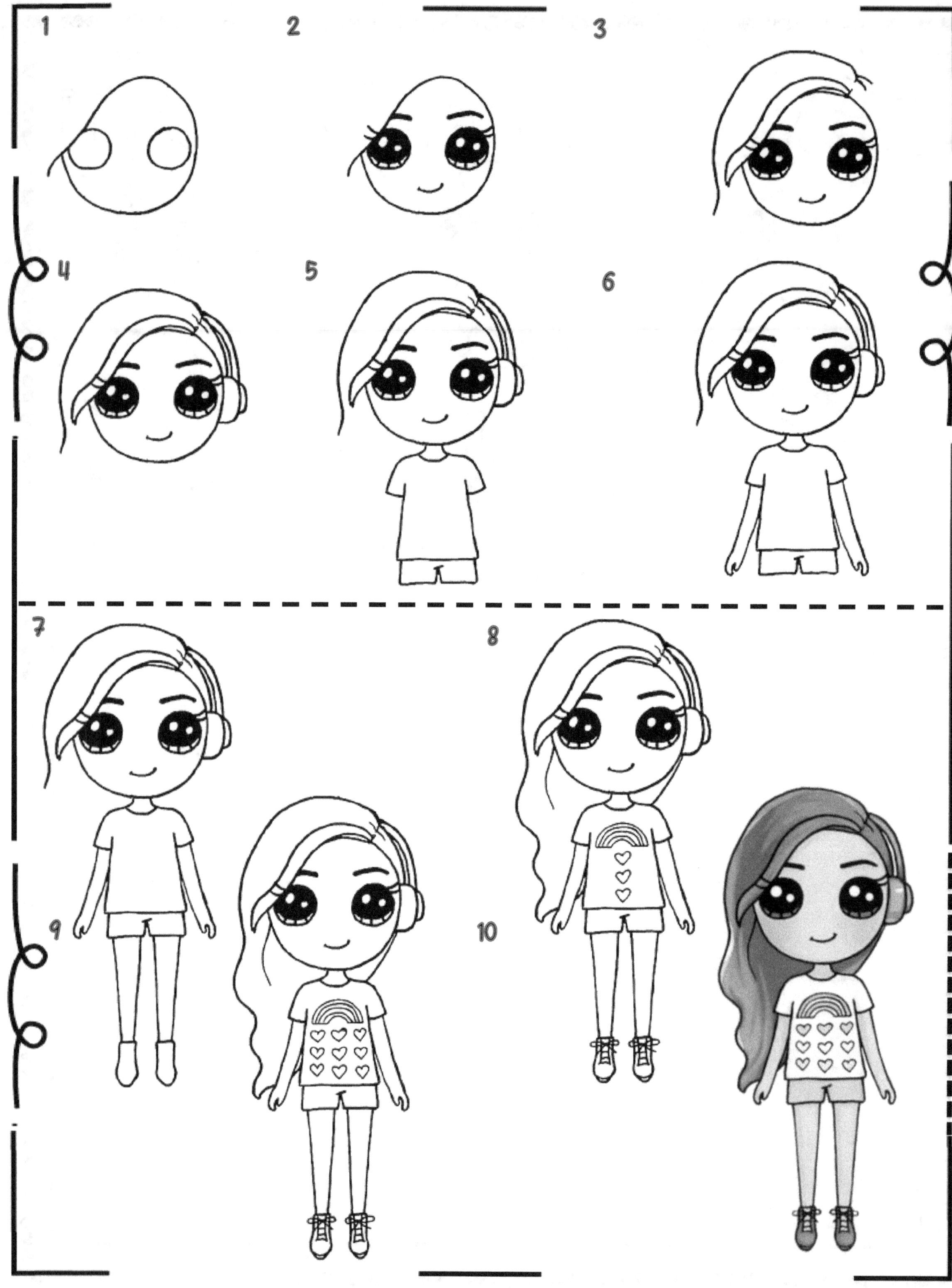

1
2
3
4
5
6
7
8
9
10

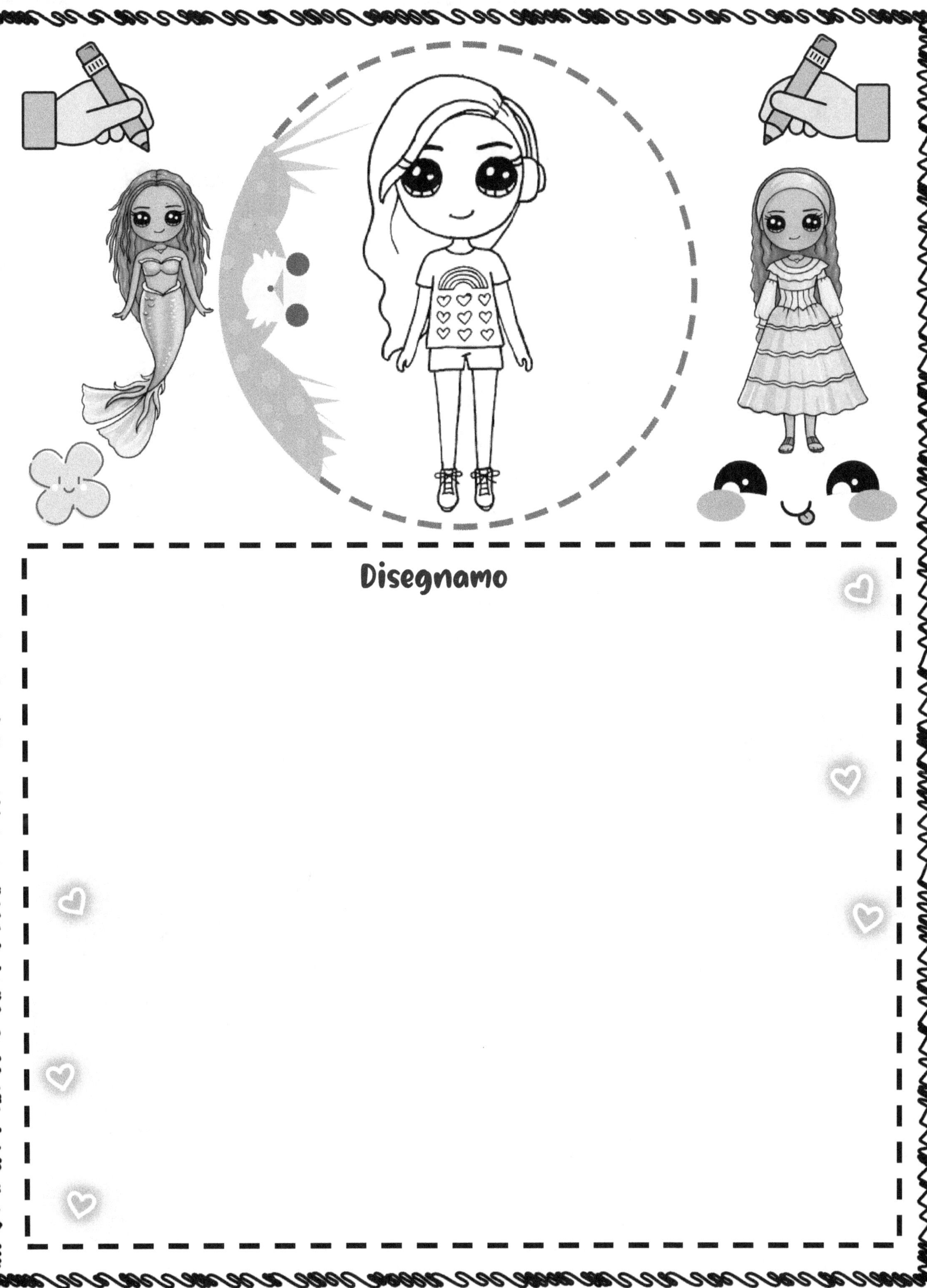

Disegnamo

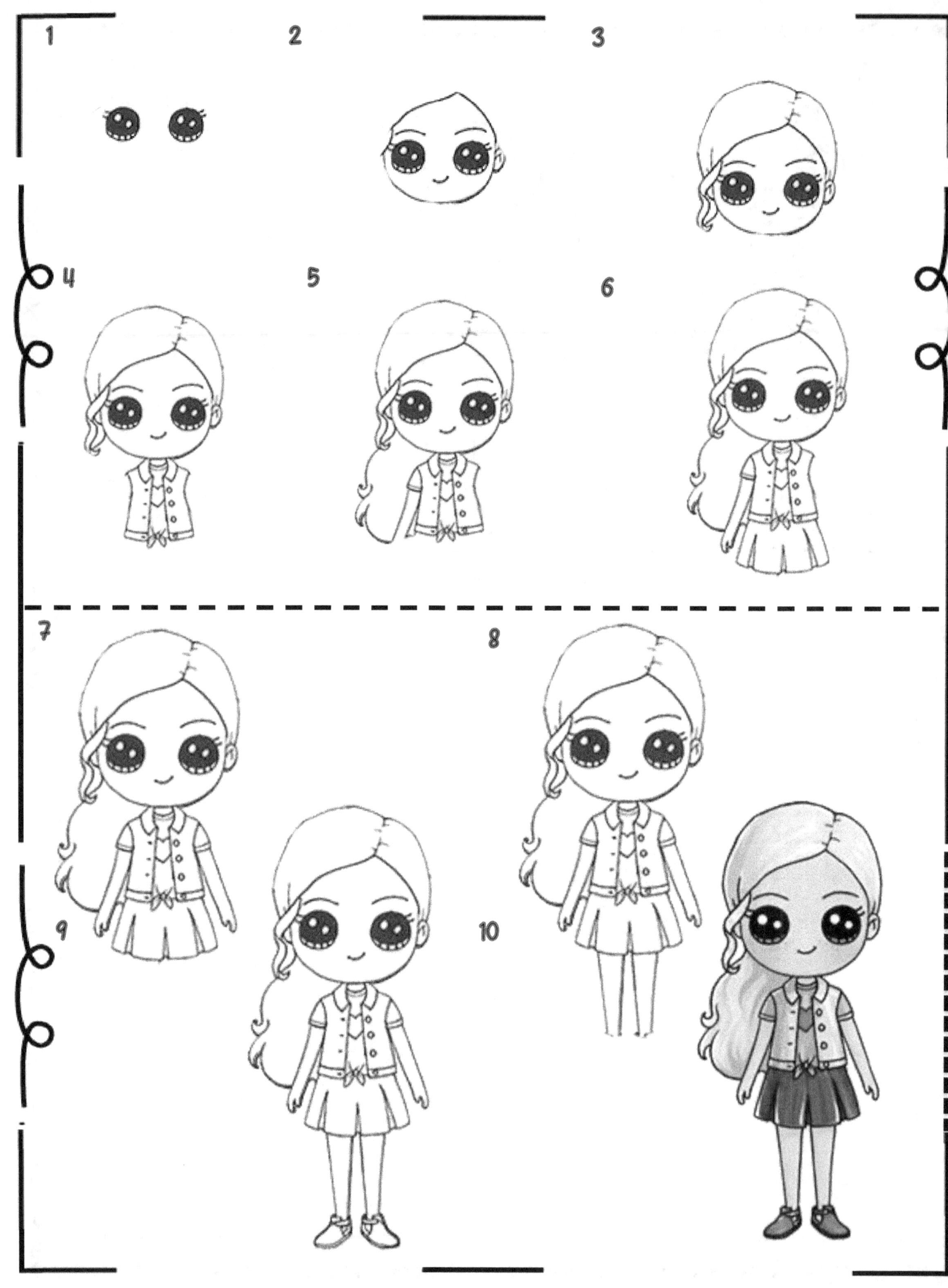

1
2
3
4
5
6
7
8
9
10

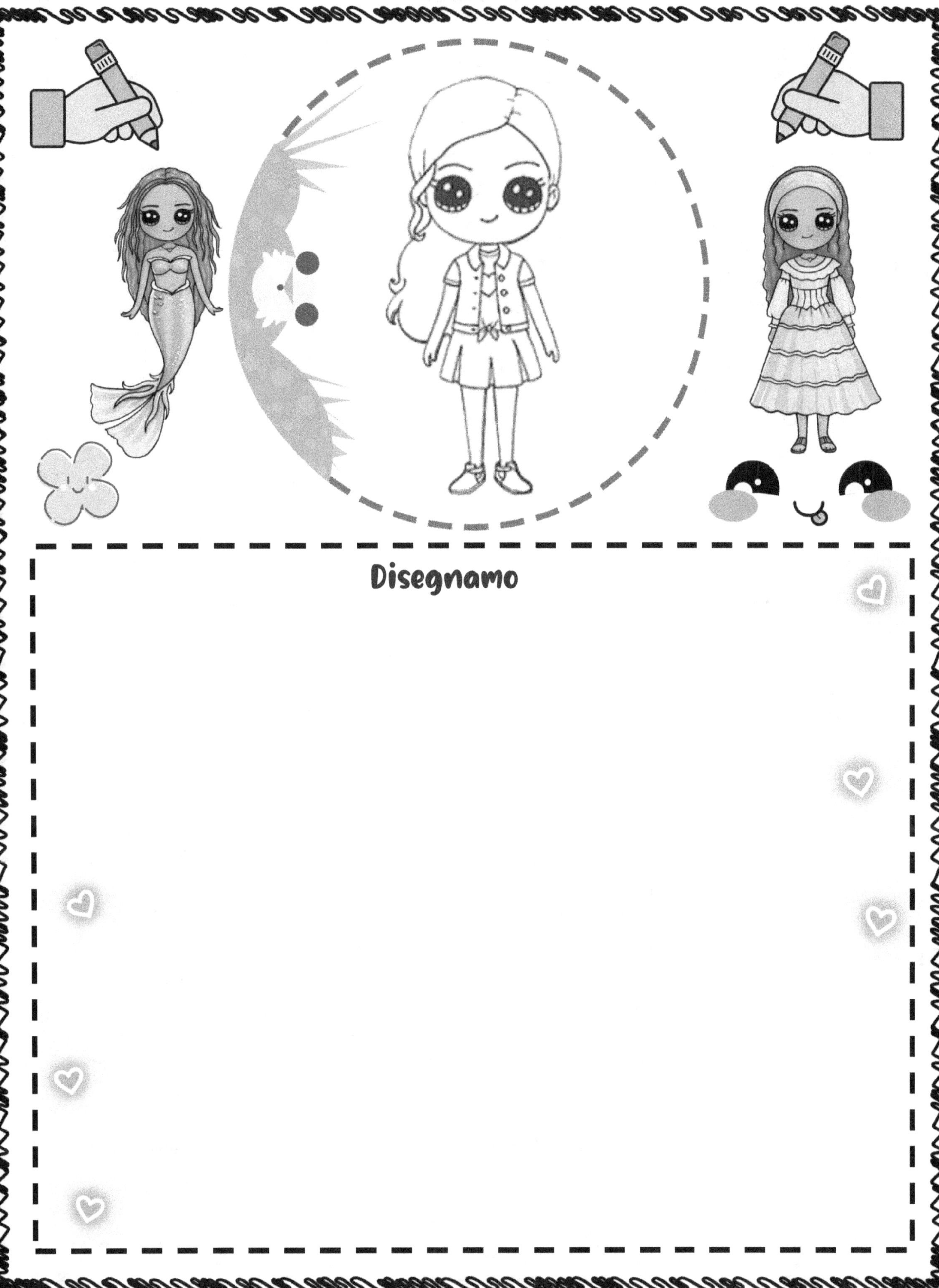

Disegnamo

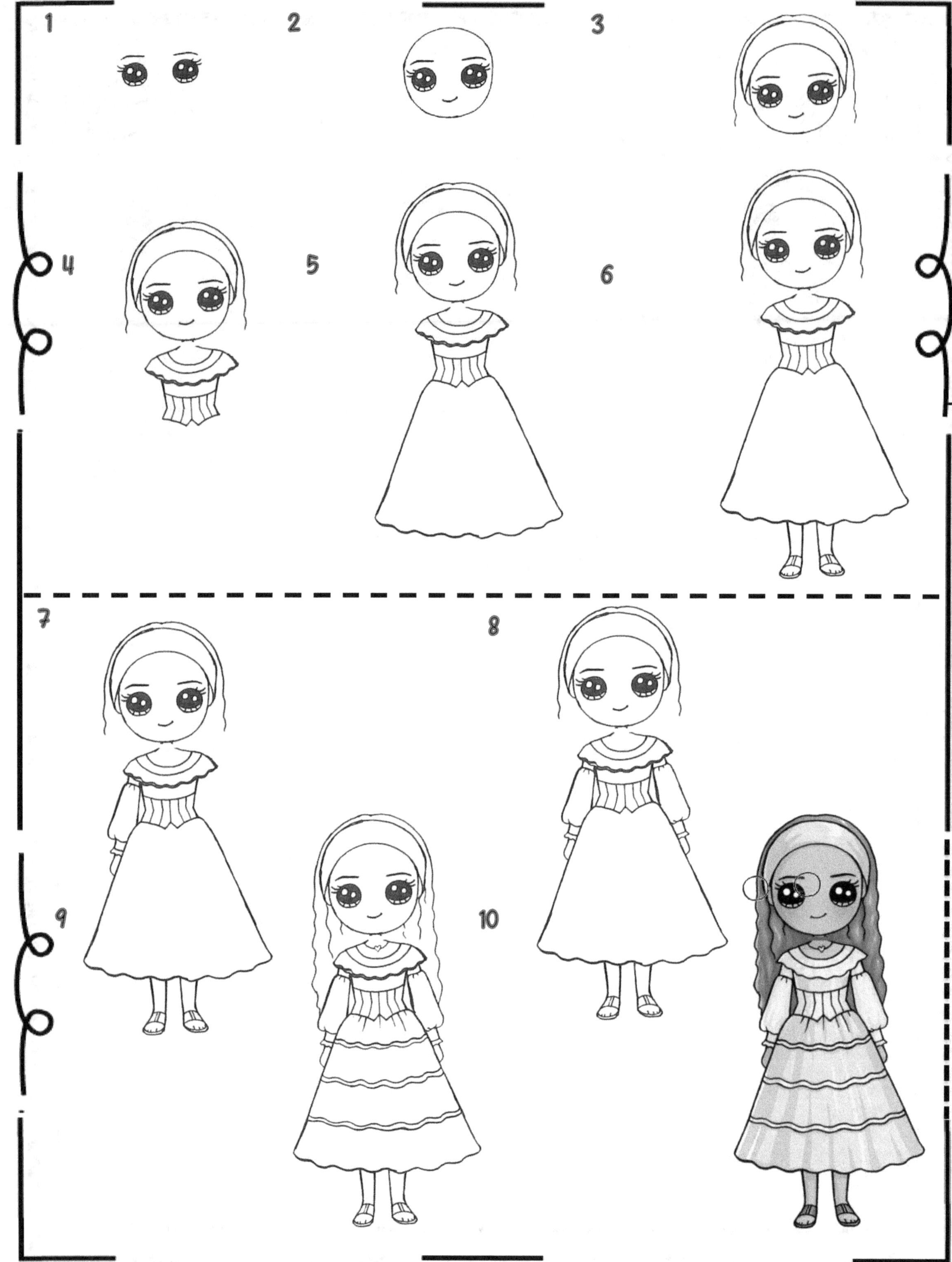

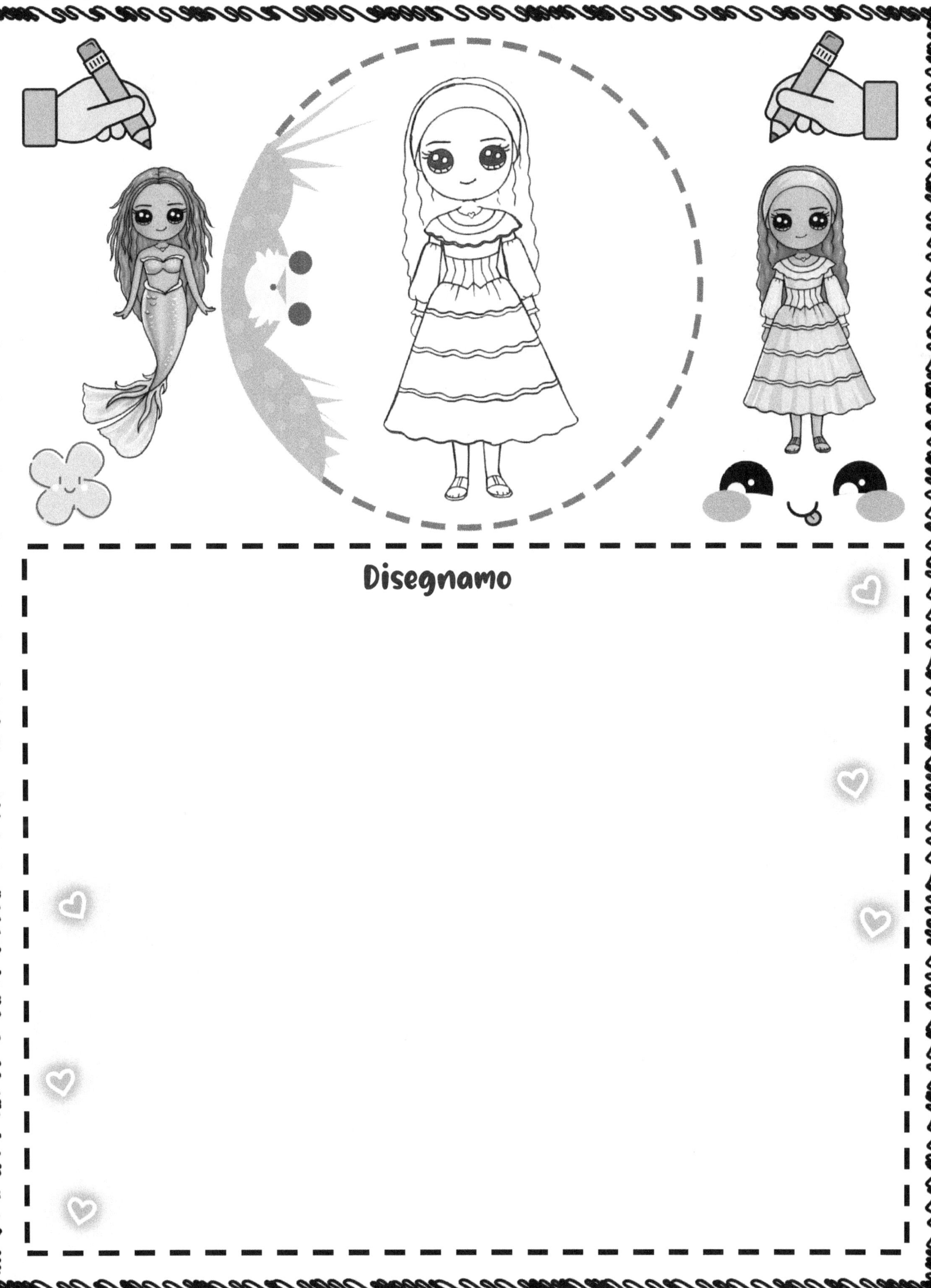

Disegnamo

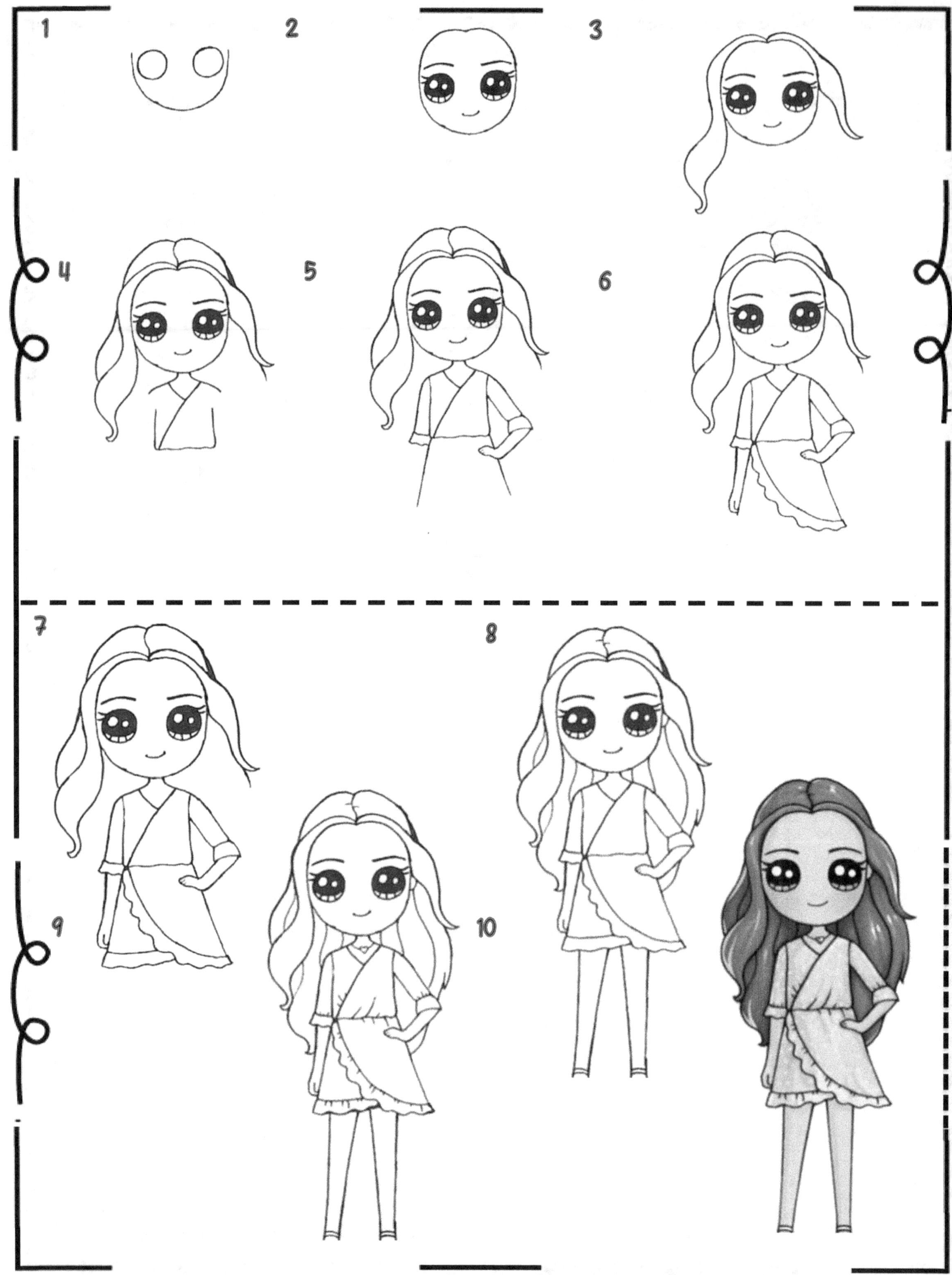

Disegnamo

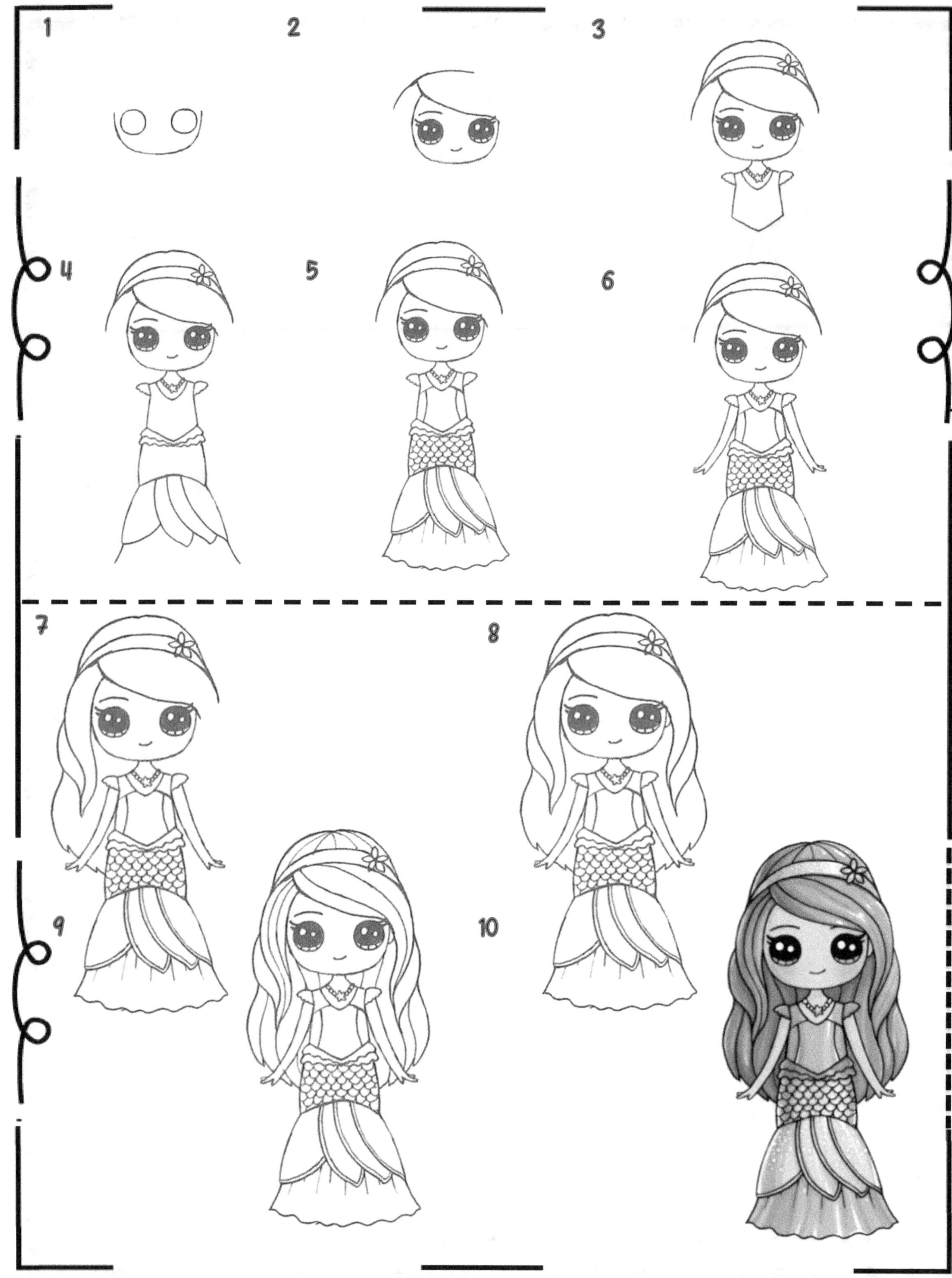
1
2
3
4
5
6
7
8
9
10

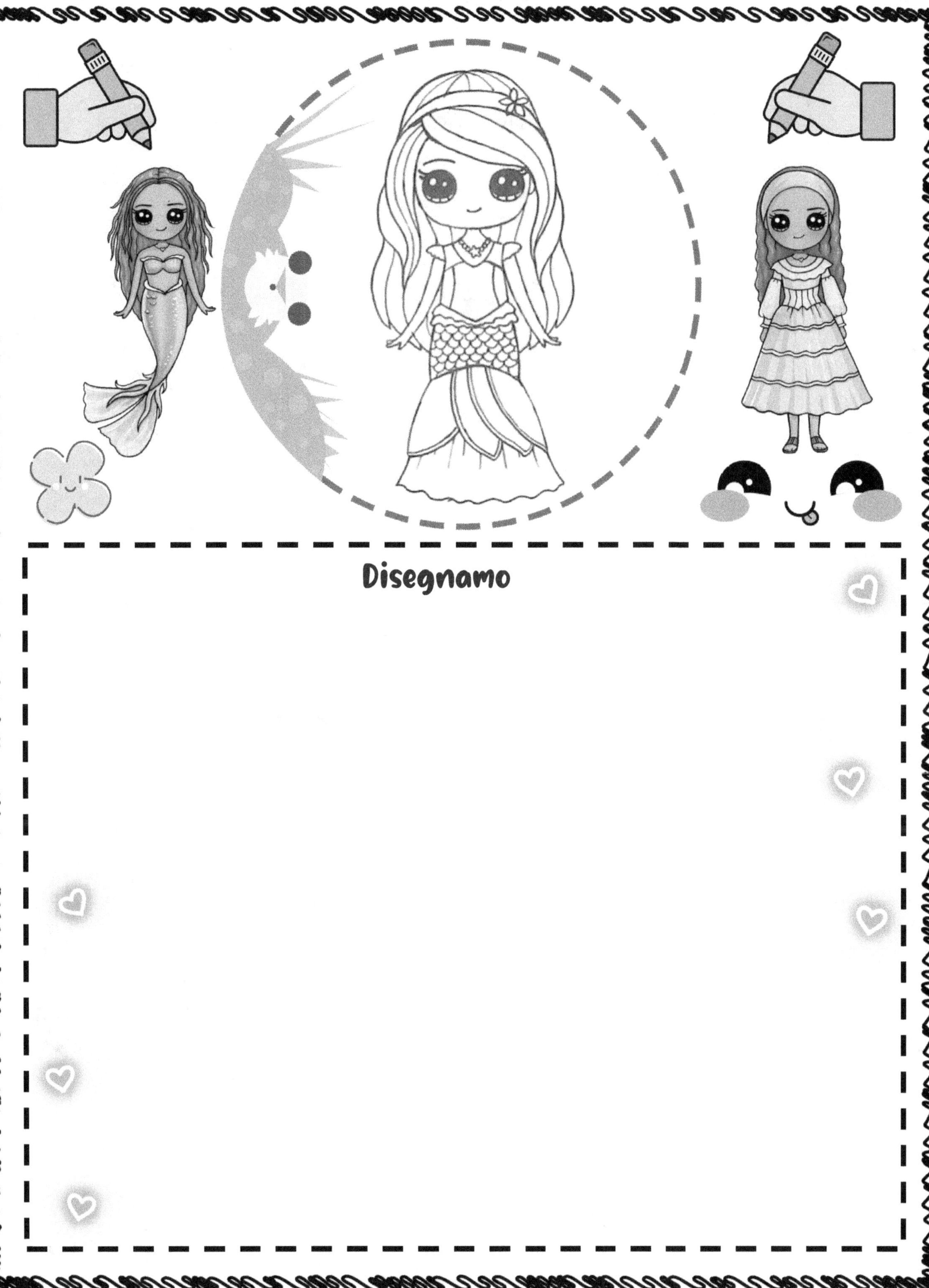

Disegnamo

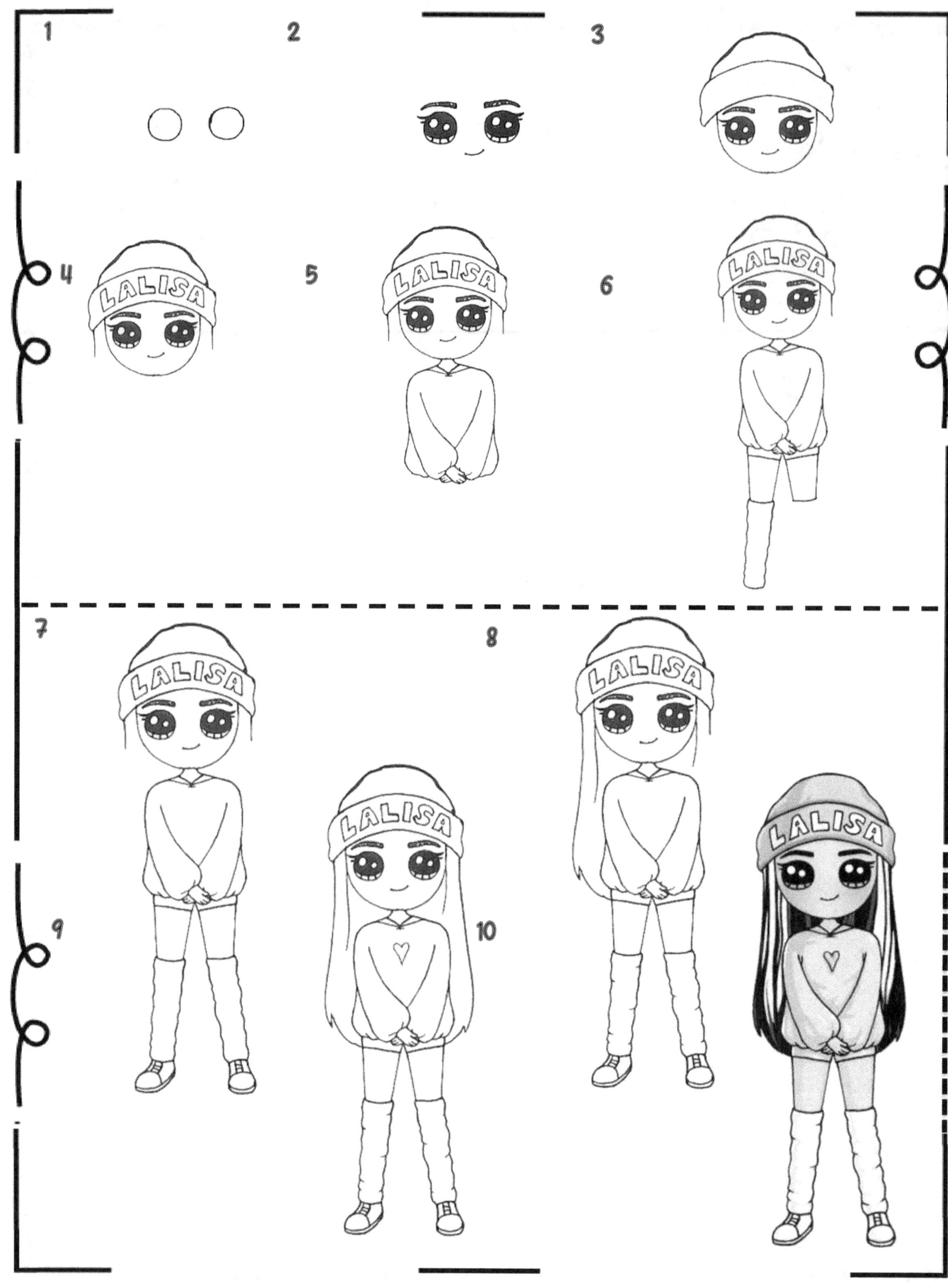

Disegnamo

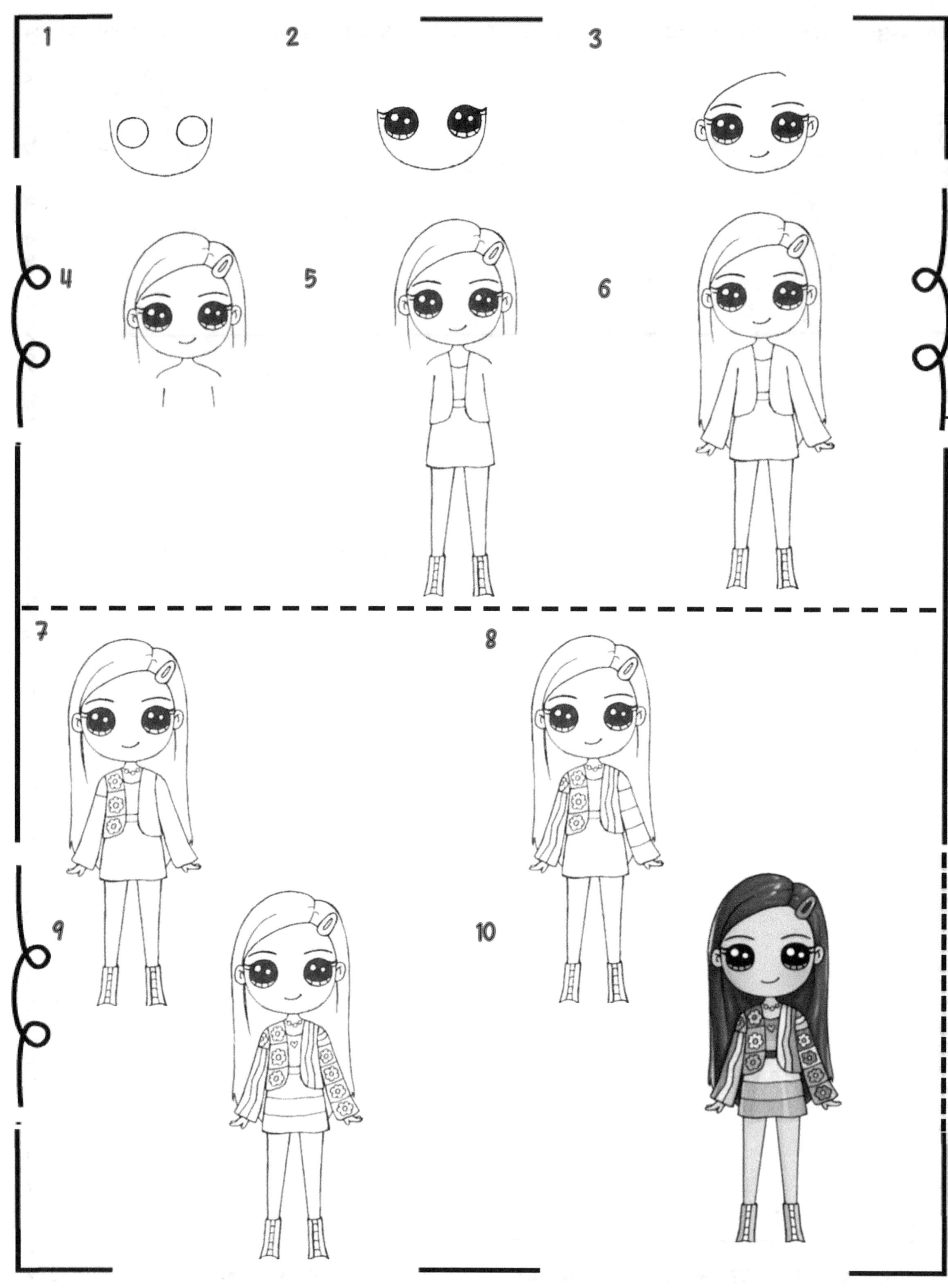

1
2
3
4
5
6
7
8
9
10

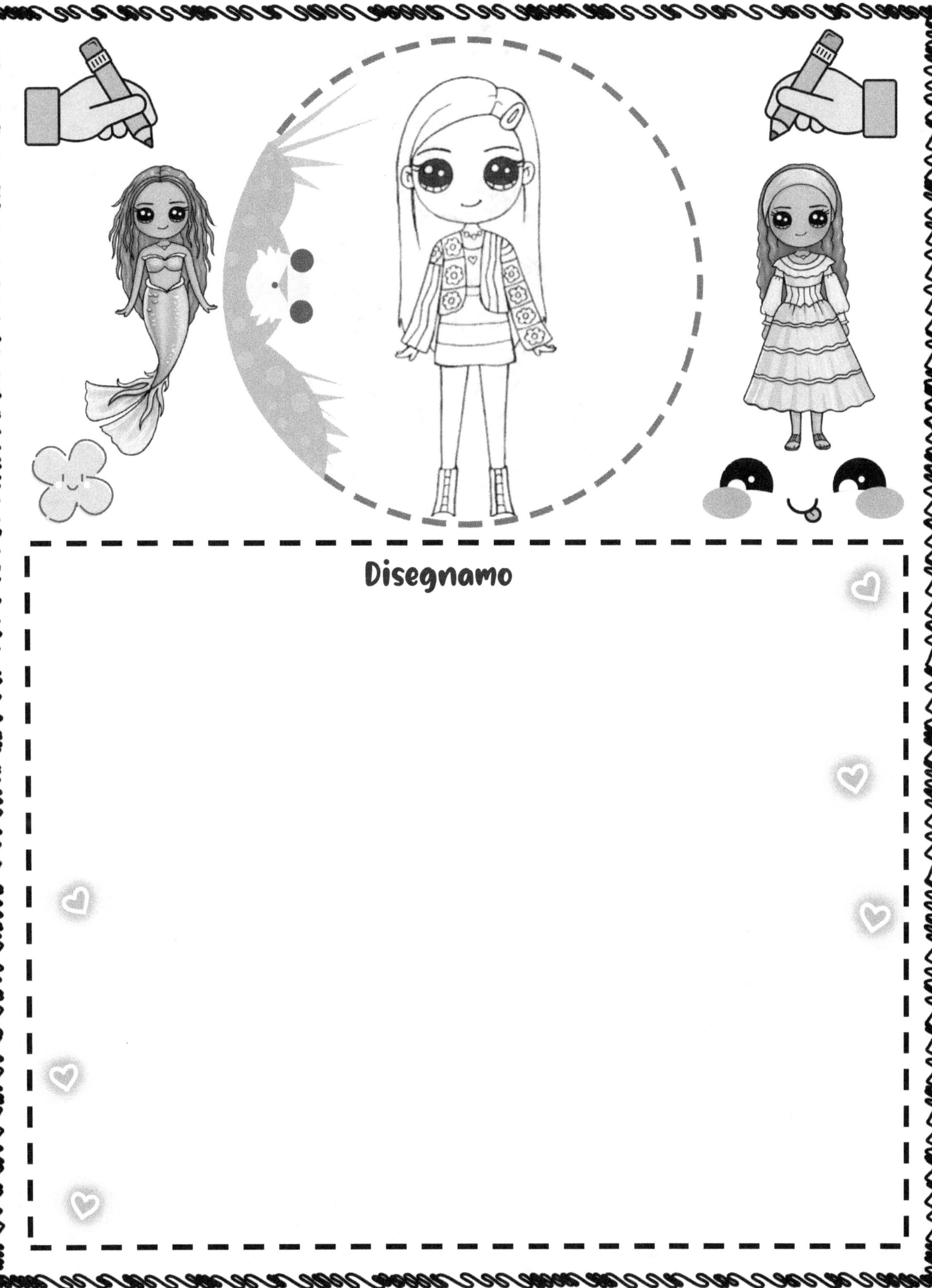

Disegnamo

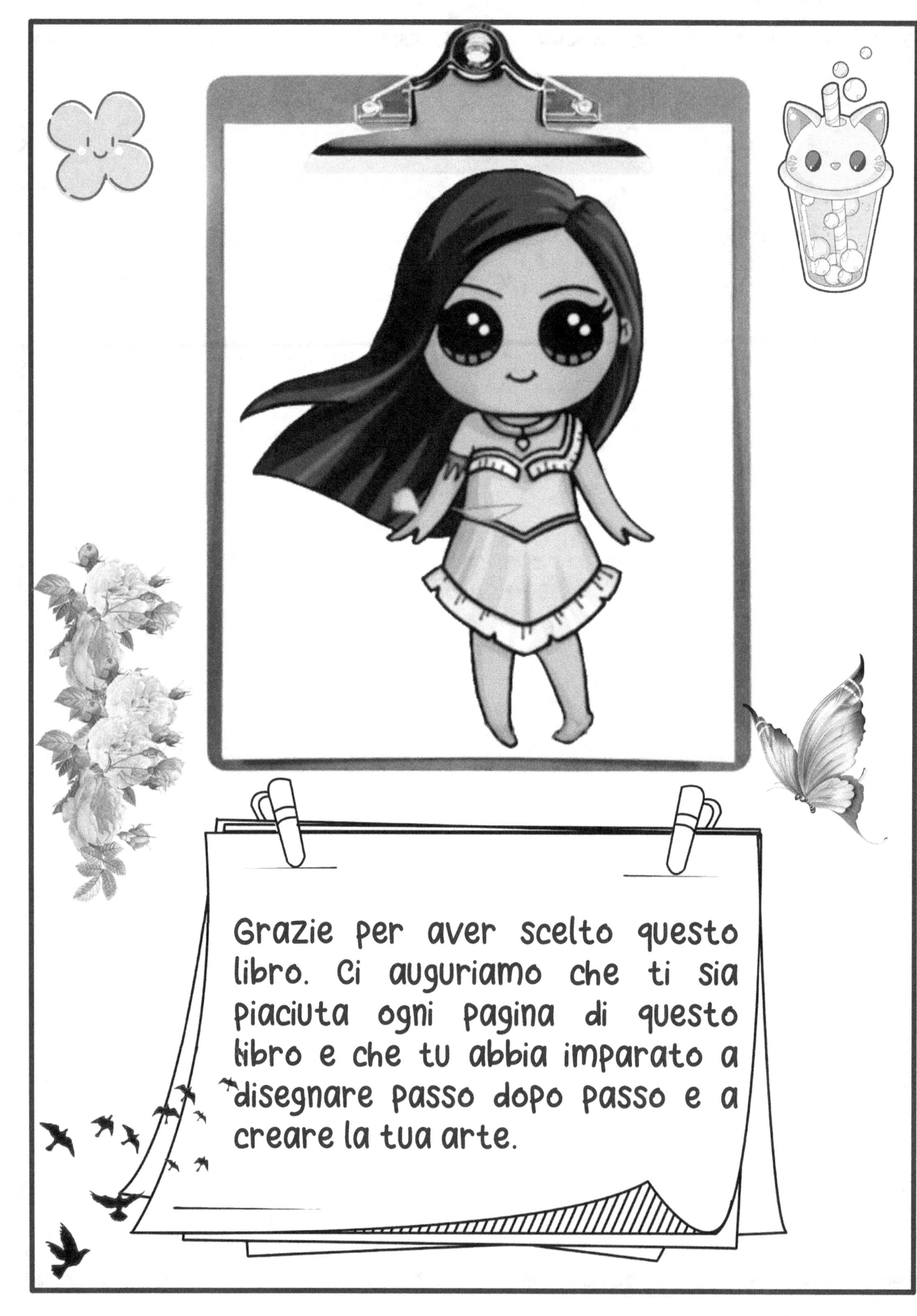

Grazie per aver scelto questo libro. Ci auguriamo che ti sia piaciuta ogni pagina di questo libro e che tu abbia imparato a disegnare passo dopo passo e a creare la tua arte.